AF455989

TEKTIME

Guido Pagliarino

EL DESAFÍO

El conflicto entre

Cristianismo y Gnosticismo

en los primeros siglos de la Iglesia

Ensayo

Traducción de Mariano Bas

Guido Pagliarino
EL DESAFÍO
El conflicto entre cristianismo y gnosticismo
en los primeros siglos de la Iglesia
Ensayo
Traducción de Mariano Bas
Obra distribuida por Tektime

Edición italiana: 1ª Edición, en libro y en e-book, *LA SFIDA Il conflitto fra Cristianesimo e Gnosticismo nei primi secoli della Chiesa*, distribución Tektime, copyright © 2018 Guido Pagliarino

La imagen de la portada está tomada de «El Anciano de los Días», de William Blake, acuarela y témpera sobre papel, ca. 1821, Whitworth Art Gallery, Universidad de Manchester

Índice

EL DESAFÍO

El conflicto entre cristianismo y gnosticismo en los primeros siglos de la Iglesia

Ensayo

PRÓLOGO DEL AUTOR

El púdico gobierno que dirigía Italia cuando yo era pequeño, en los años 50 del siglo XX, se encargaba escrupulosamente de salvaguardar la buena moral de los ciudadanos y, ante todo, de respetar la inocencia de los niños, llegando a hacer vestir pololos sobre las piernas desnudas de las bailarinas en los espectáculos de revista de la recién nacida televisión estatal, canal único que el sábado por la tarde alegraba las casas de los poseedores de los primeros televisores en blanco y negro. Pero, por el contrario, ese verecundo gobierno no se preocupaba en absoluto por inquietar a la infancia, incluyéndome a mí, programando a primera hora de la tarde documentales de naturaleza con secuencias de animales que atacaban y devoraban animales: un león a un antílope, una serpiente a un topo, un pez grande a un pez pequeño o, peor aún, un tiburón a una foca y cosas así. A eso había que añadir que, en el cine, donde mis padres me llevaban la tarde del domingo, siendo entonces común el «cortometraje» entre una película y otra, no pocas veces tuve que ver, en color, exhibiciones similares de meriendas carnívoras animales. Parece que cosas parecidas a esas hoy día no preocupan mínimamente a los pequeños, adictos a juegos de gran violencia, pero indudablemente no era así en aquellos tiempos de juegos físicos más inocentes: trenecitos, mecanos, coches en miniatura, canicas… Yo siempre me preguntaba con congoja: «¿Por qué es tan malvada la naturaleza? ¿No podría Dios haber hecho el mundo de otra manera?»

Aparte de los deficientes mentales, de quienes se dice que siempre están contentos, creo que nadie se ha planteado dramáticamente antes o después la pregunta más general: «¿Por qué existe el mal?» y no ha tratado de adaptar su vida a la respuesta, siempre que haya encontrado alguna: personas comunes, filósofos, religiosos. Así ha sido y continúa siendo a lo largo de toda la historia:

Hace mucho tiempo surge en la India una idea suficiente para asegurar el orden social y combatir en lo posible el mal que viene del hombre (por lo menos ese dolor concreto, ya que el que viene de la naturaleza es, por el contrario, casi invencible, al menos en aquellos tiempos; por ejemplo, ninguna enfermedad grave se podía curar): se trata de la idea combinada de la metempsicosis y las castas: haz el mal y te reencarnarás en un gusano; haz el bien (quién sabe cómo puede hacer el bien un anélido hermafrodita) y recuperarás posiciones y luego volverás a ser un hombre, aunque solo un paria por el momento y así ascenderás de casta hasta convertirte, reencarnación tras reencarnación, incluso en un sacerdote; pero cuidado con no caer de nuevo en el mal, pues si no… No hay todavía la idea de un fin último, las reencarnaciones son eternas, el mal existencial nunca desaparece. Hay que esperar a Buda, en el siglo VI a. C. para que se elimine la idea de encarnarse en un animal y, sobre todo, la de la eternidad de las vidas. Ahora se puede esperar poner fin a una pena que se creía eterna, pues finalmente existe la meta, aunque sea muy lejana, de que la persona se disuelva en el olvido-Nirvana. Bien, pero «¿por qué subyace el mal?». «Como los deseos que aumentan las angustias del corazón son materiales», responde el budismo, «tratemos al menos de anularlos; y lo esencial es que, al final, no nos reencarnaremos más». En Oriente, el ciclo de los renacimientos todavía se entiende hoy como aflicción y, quién sabe por qué, por el contrario, hoy en nuestro Occidente a muchos la reencarnación les gusta bastante, hasta el punto de preferirla a la idea de origen judeocristiano de una vida eterna gozosa en Dios.

Para los antiguos hebreos, si se sufre, todo es culpa del pecado original de Adán, así que quien es justo tiene una vida y una descendencia prósperas, pero, al ser descendiente de la primera pareja pecadora, morirá para siempre. Estamos después del exilio babilónico en el siglo VI a.C. en el entorno del Segundo Templo, cuando se redactan los cinco libros del Pentateuco (no escrito, como muchos creen, incluso hoy, en los tiempos y por mano de Moisés),[1] de los cuales el primero, el Génesis, advierte que Dios es bueno y todo lo que ha creado lo es, hasta el punto de que se le muestra mientras se complace y también es buena la libertad que ha concedido al ser humano, aunque sea una lástima que haya elegido el mal y lo haya arruinado todo, no solo su propia vida, sino el mundo entero, que se ha convertido en malo como él: antes el león pastaba con el antílope. Más allá del símbolo, los autores de estos pasajes decían sustancialmente, al mostrar el mítico Edén: «¿Veis lo feliz que sería Israel si no pecáramos?» A la idea de la vida eterna solo se llega en torno al siglo III a.C., cuando hebreos de la secta de los fariseos tienen una iluminación y la ponen por

1 A este respecto, y también en relación con la formación desde el siglo VI a.C. en delante de todos los demás libros veterotestamentarios, aparte de algunos textos proféticos precedentes y, tal vez, una primera redacción del Deuteronomio (este nombre significa «Segunda Ley») se puede acudir al ensayo histórico en papel y e-book de Guido Pagliarino *El viento del amor,* Tektime, 2019.

escrito: para ellos, las personas de los justos, gracias a Dios, resucitarán con su inteligencia individual (los justos son ellos, los fariseos, palabra que no significa por casualidad «los separados», *los únicos justos*, podríamos decir). Otra secta, la de los saduceos, no está de acuerdo, para ellos se muere y basta, como todo el mundo pensaba hasta entonces. Además, para mayor desacuerdo, para ellos solo son sagrados los libros que consideran más antiguos, los cinco que creen que escribió Moisés en persona, conocidos en su conjunto como la Ley, la Torá: para los cristianos serán el Pentateuco. Los fariseos, por el contrario, aceptan asimismo como Palabra muchos otros textos que luego serían aceptados también por los cristianos.

En Persia, con el mazdeísmo, el culto al dios Mazda basado en las enseñanzas de Zaratustra o Zoroastro, creen resolver las cosas imaginando un único dios del bien, Ahura Mazda, quien, desde el principio de los tiempos, se dividió en dos partes, como hacen las células, originando un espíritu divino del mal llamado Angra Mainyu, Ahriman o, en español, Arimán. No está claro por qué sucedió, pero según su fe ocurrió contra la voluntad del propio benigno Ahura Mazda. Los dos espíritus primordiales son gemelos, estando cada uno dotado de su propia voluntad individual. Están permanentemente en lucha y por ahora gana en general el malvado y nosotros sufrimos, pero después… Al poder remontar ambas deidades a una matriz común, se trata de una divinidad bifronte, pero única, por lo que se puede hablar, en general, de una religión monista, aunque con el aspecto externo de un culto dualista: el verdadero dualismo adora exclusivamente a un dios bueno y al mismo tiempo malo, no adora a dos dioses, uno positivo y otro negativo, aunque se hayan originado por la escisión de una única deidad originaria.

Para los griegos (en especial para Platón), la materia, eterna y no creada por Dios, se modela en las formas siguiendo las leyes de nuestro universo por medio de un artífice y legislador divino, un falsario bondadoso e inconsciente llamado el Demiurgo, es decir el Artesano: las almas humanas se ven infelizmente aprisionadas en los cuerpos. Hay que filosofar mejorando, reencarnándose así en hombres siempre mejores, hasta el fin de las encarnaciones y ser de nuevo, de una vez por todas, espirituales. Sobre esta idea básica, sucesivos pensadores, reunidos en diversos grupos y grupúsculos, personas de espíritu absolutamente elitista, consideran que solo algunos individuos, precisamente ellos mismos, son espirituales, mientras que la mayor parte de los demás no lo son. Solo para ellos ha venido a la tierra un salvador-revelador de la verdadera sabiduría divina y gracias a él no se aniquilarían al morir, sino que podrían salvarse de la materia y, por tanto, del dolor, sobreviviendo felices: solo ellos, los *pneumáticos* o *espirituales*, que tienen dentro de sí el pneuma eterno o *chispa divina*; no todos los demás, los *materiales*, que son mortales porque solo poseen cuerpo y alma (o psique), que perecen. Algunos gnósticos, los valentinianos, más generosos, pensaban que había otra categoría intermedia, la de los *psíquicos*, los cuales, trabajando duramente su alma-psique pueden llegar hasta el punto de espiritualizarla lo suficiente como para poder llegar al menos a los márgenes del pléroma divino, aunque no sea al pleno centro como ellos, los privilegiados, los espirituales.

También piensan eso elitistamente algunos hebreos no ortodoxos que, por otro lado, lo ven de otra forma en algunos aspectos secundarios.

Unos y otros son calificados como gnósticos por los estudiosos modernos, aunque ellos se definían sencillamente como pneumáticos.

Al contrario que los gnósticos, para la mayor parte de los pensadores judíos y luego de los cristianos la Revelación divina no es una iluminación debida a un salvador-revelador, sino que procede por etapas en la historia y, poco a poco, por las enseñanzas de esta, se transcribe en los libros bíblicos, es decir, en el Primer o Antiguo testamento y en el Nuevo Testamento, este segundo escrito como mínimo desde los primeros años de la década de los 50 d.C. (algunas epístolas de San Pablo) y concluido en la década de 90-100 (Evangelio de Juan);[2] Nuevo Testamento que está enteramente dedicado a la figura de Jesús de Nazaret, llamado el Ungido, es decir, el Mesías hebreo y el Cristo griego: sus apóstoles hebreos predican, según los creyentes con palabras inspiradas por Dios, que ha resucitado en cuerpo y alma y que, por tanto, además de hombre es el propio Dios y algunos de sus discípulos ponen por escrito lo esencial de sus palabras, formando así, poco a poco, los veintisiete libros del Nuevo Testamento. Por ejemplo, Marcos, discípulo de Pedro, informa de la predicación escribiendo uno de los cuatro Evangelios. Esos primeros cristianos no son elitistas como los fariseos ni como los gnósticos y afirman que, gracias a Cristo-Salvador, todos los seres humanos pueden alcanzar la vida

---

2 Sobre la formación del Nuevo Testamento se puede leer el ensayo divulgativo de Guido Pagliarino, *Jesús, nacido en el año 6 «antes de Cristo» y crucificado en el año 30*, editado en papel y e-book por Tektime.

eterna, que el cuerpo material y psíquico se transformará al morir y resucitará en forma gloriosa y espiritual perviviendo eterna y gozosamente en Dios, igual que pasó con la persona de Jesús, siempre que se siga su ejemplo de amor y se crea que él también resucitó. Tratan de que se conozca en todas partes la maravillosa noticia de la Resurrección, pero lamentablemente a algunos hebreos, concretamente a la élite que se mueve en torno al templo y el sanedrín (parlamento) de Jerusalén y enseguida también a muchos romanos, no les gusta la idea, así que hacen que se mate o matan directamente a los apóstoles, los discípulos y los seguidores, normalmente de formas horribles.

Los gnósticos, curiosos por la novedad, se interesan casi de inmediato por el cristianismo y muchos se cristianizan, pero a su manera: dicen que el verdadero cristianismo es el suyo, que ni hablar de una resurrección del cuerpo y continúan insistiendo en que solo ellos, los iluminados, se salvan.

Desde ese momento, ya no cesan las diatribas entre gnósticos cristianizantes y cristianos *genuinos*, con altercados acérrimos en los primeros siglos de la era cristiana, pero… los miembros de la Iglesia, aquí no importa distinguir entre católica, ortodoxa o reformada, ¿son de verdad cristianos *genuinos*? Los antiguos gnósticos creían ser los únicos y verdaderos cristianos, mientras que aún en nuestro tiempo, según ciertos estudiosos, por ejemplo, Bultmann, el cristianismo deriva del gnosticismo, siendo, por decirlo así, un gnosticismo atenuado, pero… ¿tiene sentido una discusión sobre esto? A mí me parece una discusión *de lana caprina*, un discurrir sin sentido, como era para Horacio[3] elucubrar si el enredado, punzante y áspero vello de las cabras, imposible de confundir con el vello ovino, era *lana* o *pelo*. Para mí es pura y simplemente una opción personal el considerarse un *verdadero cristiano* en la medida en que se aceptan los conceptos eclesiales o porque se hacen propias las nociones gnósticas: si elijo entre ambas opciones sinceras alguna por sí misma, no pretendo imponerla por la violencia a los demás como si fuera el único *cristianismo verdadero*. Pero si se considera útil saberlo, me incluyo entre los cristianos de la primera opción.

Guido Pagliarino

---

[3] En los tiempos del poeta, la áspera lana de cabra no tenía ningún valor económico y discutir sobre el nombre de esta habría sido malgastar inútilmente el tiempo.

I – 2000 AÑOS DE DESAFÍO

En 1945 ocurre algo absolutamente impensable.

En Nag Hammadi, la antigua Chenoboskion de Egipto, se descubre una importante biblioteca antigua con textos principalmente gnósticos, en parte cristianizantes, como un evangelio apócrifo de Tomás. Se trata de un relato completo con cuarenta escritos en trece códices, que estaban enterrados dentro de una tinaja. Con esos hallazgos se pudo, por fin, profundizar en el gnosticismo,[4] junto a doctrinas derivadas de la filosofía y la teosofía[5] griegas y de promesas de redención de cultos mistéricos orientales, hebreos, egipcios, pitagóricos, órficos, dionisiacos, herméticos,[6] mágicos místico-astrológicos: el gnosticismo nace y vive sobre un terreno previo constituido por religiones y sus presuntos misterios, que pretenden desvelar lo profundo, y asimismo por conceptos de filósofos.[7]

Sin embargo, precisémoslo un poco más de inmediato, el gnosticismo (de gnosis = conocimiento) no es la religión de los sabios que buscan la Salvación gracias a la filosofía y la encuentran mediante esa *vía de la razón*, como pasaba con Platón, sino el credo de quienes alcanzan la plenitud de la Luz *de modo*

---

4 Muy importante para la investigación había sido el descubrimiento, a consecuencia de excavaciones durante el invierno de 1886-87, en el alto Egipto, en la localidad de Akhmìn, la antigua Panópolis, de páginas relativas a la resurrección de Cristo pertenecientes a un evangelio apócrifo redactado en la segunda mitad del siglo II, atribuido por el autor desconocido al apóstol Pedro, obra que presentaba aspectos gnósticos. Más tarde, en 1896, C. Schmidt, también en Egipto, adquiere y exporta un papiro (luego llamado *Codex Berolinensis* 8502), que contenía un *Evangelio de María*, la Magdalena, no la Virgen, un *Libro secreto de Juan* y una *Sofía de Jesús*. Entre 1897 y 1908 se descubrieron los llamados papiros de Oxirrinco, con textos gnósticos. Sin embargo, estas copias estaban gravemente mutiladas y no permitieron progresos importantes en el conocimiento del gnosticismo.

5 La teosofía, en sentido estricto, es la investigación filosófica de lo divino, pero más ampliamente comprende el descubrimiento místico, que en la Grecia antigua se entiende como unión con Dios desde la cumbre intuitiva de la razón capaz de entender los misterios. También en el antiguo Oriente la teosofía se dirige, desde la especulación religiosa hinduista y budista, al logro de metas similares. Desde el siglo II, en Occidente, tiene un lugar concreto en las escuelas neoplatónicas (Amonio Saccas, Plotino, Porfirio, Jámblico, Proclo).

6 Hay quien considera al hermetismo posterior al primer gnosticismo.

7 Por ejemplo, el concepto gnóstico fundamental del pléroma (plenitud), del cual hablaremos, es equivalente a el cosmos noético de los filósofos Filón de Alejandría (ca. 20 – 50 d.C.) y Plotino (205 – 270 d.C.) y se refiere a la idea platónica más antigua (entre los siglos V y IV a.C.) de que Dios tiene un modelo espiritual perfecto de lo sensible del mundo.

místico para algunos de ellos, esto ya en el gnosticismo precristiano, profundizando en sí mismos, en una primera iluminación recibida por un revelador-salvador, para otros gracias solo a una autoiluminación, sin la persona de un revelador, gracias a la chispa divina (pneuma) presente en ellos mismos, los espirituales. Para los gnósticos precristianos y los posteriores gnósticos cristianizantes, la verdadera sabiduría es esta iluminación místico-esotérica.

A partir de las antiguas refutaciones teológicas de los Padres de la Iglesia y de otros escritores eclesiásticos de los primeros siglos, hasta aproximadamente la mitad del siglo XX se había conocido sobre todo el gnosticismo *cristiano*, también llamado cristianismo gnóstico o gnosticismo cristianizante, esta última expresión me parece la más apropiada, porque, como veremos, los fundamentos del cristianismo están ausentes. Aun así, normalmente usaré la primera expresión, gnosticismo *cristiano*, porque es la más común, pero poniendo *cristiano* en cursivas.

Me parece que, más que buscar una presunta esencia del cristianismo y compararlo con la, por otro lado, presunta del gnosticismo *cristiano*, que llevaría a discusiones inútiles sobre cuál de los dos es el verdadero cristianismo (con esto despejo rápidamente el terreno al respecto), se trata de precisar qué tratan de etiquetar con la palabra cristianismo los propios miembros de la Iglesia y me refiero, como digo inmediatamente, al credo sobre sobre la muerte y resurrección reales de Jesucristo, el Hijo segunda Persona de la Trinidad y verdadero Dios en Pneuma y, al mismo tiempo, verdadero hombre en cuerpo y alma (o psique, es decir, *psyché* en griego antiguo, traducida como *anima* en latín y luego como *alma* en español): el Cristo que ha traído a toda la humanidad, sin exclusiones, el Amor total por Dios y el prójimo, incluidos los enemigos, no un conocimiento para unos pocos elegidos como en el gnosticismo: es una diferencia fundamental.

Los descubrimientos citados facilitan la comparación entre gnosticismo *cristiano* y gnosticismo pagano y judío.

Los papiros de Nag Hammadi contienen textos relativos a los gnósticos setianos, de los cuales el escritor eclesiástico antiguo Epifanio había oído hablar y había citado, es decir «La revelación de Adán a Set» y otros libros atribuidos al Set Celeste, llamado Alógenes, o su encarnación terrestre Set, hijo del Adán del Génesis; así como también relacionados con Zoroastro, Zostriano,

Mesos y un hijo de Noé, Sem. Se encuentran asimismo revelaciones dirigidas por Set a los predicadores gnósticos llamados los Últimos Profetas: Son *La hipóstasis de los arcontes*, algunos fragmentos del llamado *Libro de Norea*, que citaba Epifanio, *La revelación de Dositeo*, el *Pensamiento del gran poder*, *La triple epifanía*, obras que, por lo que entendían los críticos cristianos antiguos incluirían enseñanzas de Simón el Mago; asimismo, el *Evangelio de los egipcios*, llamado también *La epístola y el libro sagrado del Gran Espíritu Invisible*, de un tal Eugnostos, de quien solo se sabe el nombre. Otros textos se refieren al conocido gnóstico cristiano Valentín: *Sobre la resurrección*, el *Evangelio de la Verdad*, el *Tratado de las tres naturalezas*. También del entorno gnóstico cristianizante, se encontraron en Nag Hammadi el *Evangelio de Tomás*, el *Evangelio de Felipe*, el *Libro de Tomás escrito por Mateo* y varias revelaciones atribuidas por los autores a los apóstoles Pedro, Pablo, Santiago y un secretario de Pedro, Silvano. La tinaja contenía también el tratado *Asclepio*, hermético, no gnóstico. En relación con el gnosticismo *cristiano*, son obras esenciales los tres evangelios de Tomás, de Felipe y de la Verdad, todas ellas traducciones coptas de originales en griego.

Los textos cristianos apócrifos (= ocultos) son aquellos que no fueron reconocidos por la Iglesia como testimonios auténticos de la predicación apostólica y por eso no se incluyeron en el Nuevo Testamento.[8] A diferencia de los libros canónicos, nacidos en la Iglesia original como escritos fundamentalmente comunitarios, los apócrifos eran obras individuales y vinculadas a grupos restringidos de fieles. Respondían a dos exigencias distintas. Por un lado (apócrifos no canónicos, pero no heréticos) a los autores les movía el deseo de presentar en su entorno historias de Jesús y sus parientes y discípulos que no estaban incluidas en los evangelios canónicos. Por ejemplo, el libro de pseudo-Mateo se extiende, entre otras cosas, sobre el nacimiento de Jesús y la huida a Egipto, hablándonos de un buey y una mula en el establo de la Natividad y precisando que este establo estaba en una gruta. Los otros (apócrifos heréticos) eran expresiones de doctrinas distintas de la de la Iglesia, al ser demasiado esotéricas. Estas obras sostenían sus dogmas, distintos de los católicos, en particular a propósito de la Trinidad y de Cristo, y presentaban ideas dualistas y gnósticas y posturas extremistas, como un excesivo ascetismo y la extrema importancia de la castidad acompañada por la condena del matrimonio y la procreación, como

[8] Se puede ver también el ensayo citado de Guido Pagliarino *Jesús, nacido en el año 6 «antes de Cristo» y crucificado en el año 30*.

en el *Evangelio de los egipcios*, que apoya el *encratismo*, una especie de moralismo antisexual exasperado y también mostraban una discriminación entre los seres humanos elegidos y los demás no destinados a salvarse, como se deduce de los evangelios gnósticos de Tomás, de Felipe y de la Verdad. Asimismo, se advierte, a propósito de aquellos apócrifos que quieren, sobre todo, responder a la exigencia de *saber más* con respecto a las historias contenidas en los Evangelios neotestamentarios, que parte de ellos contiene de todos modos una o más opiniones heréticas de los autores, como en el *Evangelio de Pedro*, que tiene el objetivo de describir con detalle la resurrección de Cristo, pero contiene secundariamente la herejía docetista: el *docetismo* consideraba el cuerpo de Jesús un mero fantasma. Además de para el estudio del gnosticismo, los textos apócrifos son útiles por ciertas noticias históricas que incluyen y que se pueden obtener de ellos. Por ejemplo, los *Hechos de Juan* nos informan de que desde la antigüedad se celebraban misas por los difuntos, nos dan asimismo información sobre las modalidades del bautismo y la eucaristía en el cristianismo antiguo, sobre los nombres de los padres de María, Joaquín y Ana, información tal vez veraz e incluida solo oralmente hasta el siglo II, sobre los nombres de los «reyes» magos, Melchor, Gaspar y Baltasar; los apócrifos nos presentan el ceremonial de la Presentación en el Templo y nos cuentan la Asunción de María a Dios en cuerpo y alma al final de su vida; el pseudo-Mateo nos hace entender indirectamente que la veneración por esta ya estaba viva en los tiempos de la redacción de dicho libro, a finales del siglo II / principios del III, dado que imagina ídolos paganos que se postran ante la Virgen. Ciertos apócrifos influyen en las costumbres cristianas: por ejemplo, el belén se inspira por textos como el citado pseudo-Mateo y lo mismo pasa con muchas obras de arte, como la Natividad de Giotto, que presenta un cometa en el cielo siguiendo la literatura apócrifa (aunque también pudo ser por causa del paso del cometa Halley en los años de vida del pintor), mientras que el evangelio canónico de Mateo solo habla de una estrella; muchos frescos y vidrieras de catedrales y basílicas se basan en episodios apócrifos, por ejemplo en la basílica de Santa María la Mayor. Además, la excesiva mojigatería a lo largo de la historia de algunos entornos cristianos, ya sean católicos y ortodoxos o protestantes, está influida por la mentalidad sexual ultrarrigorista de cierto pensamiento gnóstico.

Los apócrifos influyeron aún más en el Islam, hasta el punto de entrar en su literatura sagrada: gran parte de los temas evangélicos del Corán derivan de esos libros.

El apócrifo *Evangelio de Tomás* (o *Relato de las palabras secretas de Jesús*) no debe confundirse con otro apócrifo, conocido con anterioridad, llamado *Evangelio de la infancia del pseudo-Tomás*. El manuscrito recuperado es una copia de inicios del siglo

IV. Hay quien ha considerado que se puede datar el original en griego en los años 110-130, pero también se ha formulado la hipótesis de que sea incluso del último decenio del siglo I, más o menos en correspondencia con la redacción del cuarto evangelio canónico, el de Juan, del cual en todo caso difiere totalmente en espíritu y forma. En muchos versículos es asimilable a los sinópticos, es decir, a los evangelios de San Mateo, San Marcos y San Lucas, llamados así porque muestran muchos versículos iguales o bastante similares, sobre todo al primero y al último, pero también en este caso la forma es diferente y el significado es distinto debido a variantes o añadidos de versículos no presentes en los evangelios neotestamentarios. Si por los primeros se podría pensar que el autor conocía los sinópticos, hay prácticamente unanimidad entre los estudiosos, dada la gran diferencia conceptual, en considerar que habría habido una base, para unos y otros, procedente de una fuente común, llamada convencionalmente Q (de la palabra *Quelle*, es decir, *fuente* en alemán) y luego, al contrario que en los sinópticos utilizados por el autor, Tomás insertó incitaciones a la gnosis. La obra es una recopilación de dichos (*loghìa*) de Jesús, de algunas parábolas y raros diálogos con sus discípulos, mientras que los evangelios canónicos, además de contener asimismo parábolas, diálogos y dichos, son narraciones, por lo demás no en orden cronológico en cuanto a la vida pública de Cristo, aparte de la Pasión y Resurrección finales; de hecho estas son las cosas que fundamentalmente querían anunciar los evangelistas, estando el cristianismo de la Iglesia antigua basado precisamente en la Resurrección, que debe entenderse en sentido real y no simbólico, posterior a la verdadera muerte de Jesús: el Nuevo Testamento dice, inequívocamente, que la resurrección de Cristo no es simbólica, sino real: « Y si Cristo no resucitó, es vana nuestra predicación y vana también vuestra fe» (1 Cor 15:14).[9]

El *Evangelio de Felipe* está contenido en el mismo libro inmediatamente después del de Tomás. La existencia del texto ya era conocida, porque el escritor eclesiástico antiguo Epifanio, que vivió entre el año 310 y el año 403, ya había hablado de él. La copia en copto de Nag Hammadi debió escribirse en 330, pero los estudiosos opinan que el original en griego sería más o menos contemporáneo con respecto al evangelio gnóstico de Tomás, en concreto, como mínimo del año 90 y, como máximo del 130; en

[9] También para esto se puede consultar el ensayo *Jesús, nacido en el año 6 «antes de Cristo» y crucificado en el año 30*, cit.

todo caso tampoco estaría en relación directa con los evangelios canónicos, aun habiendo no pocos versículos similares. Sería una obra de la escuela gnóstica valentiniana (sobre la que volveremos).

Finalmente, el *Evangelio de la Verdad* se diferencia en cuanto consiste en un tratado precioso de argumentos básicos del gnosticismo (de los que hablaremos enseguida), que constituyen lo que, según el autor, es la Verdad revelada por Jesucristo a propósito del origen y el fin de las cosas, de la llamada emanación, de la caída de las almas en la oscuridad de la materia, de la ignorancia de uno mismo como eones derivados de la Luz divina, del error, del olvido de Dios, de la necesidad de conocimiento para volver a él. Esta obra habría sido mencionada en la antigüedad por Ireneo y Tertuliano, en relación con los gnósticos valentinianos; un texto, según Ireneo (en *Denuncia y refutación de la pseudognosis*), que, aunque contenga la palabra Evangelio es distinto de los cristianos porque se traicionan las cosas que vienen de los apóstoles. También este códice es de en torno al año 330, mientras que el original es del siglo II, en torno al 180: Ireneo, muerto hacia el 200, habla de él, declarándolo «bastante reciente». Está asimismo cercano al llamado *Canon muratoriano* católico, lista no oficial de la mayor parte de los que serán considerados libros canónicos neotestamentarios de la Iglesia. Más que los otros dos, el *Evangelio de la Verdad* es estrictamente gnóstico *cristiano*, tanto en particular por la cristología como por la teología más general.

> Es con la difusión del gnosticismo, para la Iglesia «falsa gnosis», es decir, falso conocimiento, como se empieza a establecer, en torno al año 180, tanto por medio del *Canon muratoriano* como gracias a un listado escrito en la segunda mitad del siglo II por Ireneo, obispo de Lyon, cuáles son la obras que testimonian genuinamente el cristianismo de la época apostólica, es decir, los libros que, usados desde el principio ininterrumpidamente en todas las iglesias, y no solo en algunas, serían llamados Nuevo Testamento;[10] su uso sería todavía solo de hecho, con una cierta oficialización que llegará en el siglo IV en algunas cátedras episcopales, mientras que para la proclamación dogmática habrá que esperar al Concilio de Trento.

---

[10] Recuerdo que de la formación del canon neotestamentario se habla en *Jesús, nacido en el año 6 «antes de Cristo» y crucificado en el año 30*, cit..

El gnosticismo: un fenómeno antiguo

Los gnósticos no forman parte de un culto oficialmente reconocido, pues el hecho mismo de su secretismo está en contra de esto, ni tampoco de ninguna corriente profética. Solo con el tiempo se formarán grupos gnósticos cristianizantes, que se hacen reconocer, aunque permaneciendo esotéricos, ya que sus ritos siguen siendo secretos: un poco como la masonería moderna, que, aparentemente, ha recogido algunos aspectos de la gnosis mística, aunque se trataría de una influencia más formal que sustancial.

> Aunque, por un lado, las ceremonias masónicas, llenas de pruebas, celebran el recuerdo de las iniciaciones gnósticas y aunque en ellas el conocimiento de las palabras y de las señales constituye, según hacen público los seguidores de la masonería, una condición indispensable para superar la guardia de los custodios de las esferas celestes; aunque además sea común el lenguaje simbólico, por otro lado perteneciente más en general a la tradición alquímica, hermética y cabalística y aunque además son cualificantes también aquí los medios del conocimiento intuitivo y simbólico, hay en la masonería esencial cosas ajenas a la gnosis antigua. De hecho, el conocimiento masón no es religioso en sentido estricto: no hay una visión escatológica en las logias masónicas, a diferencia de las camarillas gnósticas clásicas, y para los masones toda su construcción permea una tensión moral, mientras que en el gnosticismo esta está ausente, siendo la única preocupación del gnóstico la de su salvación eterna personal, sin filantropía, sin el concepto que tienen los masones del bien y el progreso de la humanidad. El término se toma prestado hasta un cierto punto, a medida que se iba profundizando en el conocimiento del fenómeno gnóstico antiguo, ya que cuando aparece la masonería no podía todavía conocer a fondo el gnosticismo. Parece que las llamadas a la gnosis en una parte de los rituales y las expresiones significaban una expresión simbólica del conocimiento perfecto de lo trascendente, pero no la adhesión a una dotrina gnóstica, debido a sus fundamentos dogmáticos no reconciliables con el pensamiento antidogmático masón.

Como ya se ha señalado, los gnósticos antiguos no se definían a sí mismos como tales, sino como pneumáticos o, lo que es lo mismo, espirituales; de hecho, la palabra *gnosticismo* identifica solo convencionalmente, entre los estudiosos, a un grupo de doctrinas y prácticas esotéricas con cierta homogeneidad: se definen como gnósticos aquellos grupos filosófico-religiosos antiguos que tienen como base de su pensamiento los conceptos del dualismo entre el bien y el mal; los espíritus intermediarios entre Dios y el hombre y seres, distintos de Dios, plasmadores del mundo material, considerado maléfico; el alma como una chispa divina aprisionada en la materia, que consideran necesario conocer siguiendo una vía sobre todo mística para liberar al alma y llevarla a la luz divina; que contemplan un ser sobrenatural salvífico, revelador del verdadero conocimiento, aunque en el gnosticismo precristiano se trata a veces de una autoiluminación derivada de la chispa divina, del propio pneuma presente en los gnósticos, que aceptan la astrología como componente del saber. Se trata de sectas que practican ritos esotéricos, al tiempo que mantienen en secreto sus nombres y consideran limitado el número de aquellos que, dotados de pneuma, pueden recibir la revelación gnóstica. Parte de estas personas cree en la reencarnación según el orfismo y el pitagorismo, pero no los que viven en Egipto; de hecho, para los egipcios antiguos no hay reencarnaciones y, además, según el sentir general semita y luego judeocristiano, lo que resucita es el cuerpo y precisamente por esto los egipcios lo momifican.

Hay que advertir que la gnosis, el conocimiento para la iluminación, para los seguidores del gnosticismo antiguo tiene como objeto el llamado *ser ontológico*, considerado por ellos como real y consustancial a la misma realidad divina: un Ser que los gnósticos consideran precisamente la verdadera realidad, meramente espiritual, del ser humano, aprisionada en la materia, un Ser que no está simplemente presente en el hombre espiritual, sino que se corresponde con su único y verdadero yo, aunque sea necesaria la iluminación para descubrir esa coincidencia y librarse del sometimiento a la materia, para volver finalmente al pléroma espiritual. El gnosticismo expresa y trata de oponerse a la angustia espiritual existencial de su tiempo, buscando una solución personal, fuera de instituciones y confesiones religiosas.

> Así lo entiende de nuevo hoy en día el fenómeno espiritual que se puede llamar neognosticismo, para el que también el hecho característico es el conocimiento para la iluminación que tiene como objeto el Ser ontológico.

Por tanto, para los gnósticos antiguos conocer quiere decir despertar de una situación de olvido y esclavitud ante la materia, adquiriendo consciencia del propio ser, del citado Ser ontológico y esto, si por una parte es una premisa para la Salvación, por otra genera una grave tristeza en la angustia por liberarse de los vínculos y volver a la Patria divina. En el *Evangelio de la Verdad* se lee que el proceso de descubrimiento empieza con la experiencia individual y solitaria de la angustia ínsita en la misma condición humana.

¿Qué caracteriza al gnosticismo? ¿El dualismo? No, eso no es de hecho una característica solo del gnosticismo y hay que tener también presente que en el fondo de la concepción dualista hay diferencias no secundarias entre el gnosticismo pagano y el judío. Gnosticismo es un término que no tiene una definición científica precisa. Hay estudiosos que califican como gnósticas a sectas como la esenia (sobre la que volveremos), que presenta solo una parte de los conceptos enumerados. Otros incluyen además en el gnosticismo la más antigua religión iraní, el mazdeísmo, que tiene como base la idea de un dios del bien y un dios del mal, en lucha entre ellos y, por tanto, es aparentemente dualista, aunque, como se ha dicho, se trata en el fondo de un monoteísmo.

Hay dos características que distinguen siempre a los gnósticos: el esoterismo y el disimulo, pero por sí solas no bastan para diferenciarse.

En este ensayo, se usará la palabra gnosticismo para doctrinas que presentan al menos algunas de sus características principales. No es el caso de las prácticas espiritistas, de la idea singular, más o menos paranoide, de ser un elegido, de la creencia en la reencarnación y en la astrología. En caso contrario desbordaríamos mucho el tema.

El gnosticismo «cristiano», enemigo del cristianismo

En su forma cristianizante, el gnosticismo fue un enemigo formidable del cristianismo, un adversario que, una vez entrado en las filas de la Iglesia, no solo se refinó mucho, sino que consideraba ser el verdadero cristianismo y buscó eliminar, al menos entre los creyentes cultos, los fundamentos evangélicos, es decir, la realidad física de la resurrección de Jesús y el imperativo de Jesús de hacerse pequeños en el amor por los demás, sustituyéndolos por la iluminación de los elegidos por parte de un Cristo que habría llevado, a ellos y solo a ellos, la verdadera sabiduría salvífica; un Cristo que, en su opinión, no murió, porque estaba privado de cuerpo, y sencillamente habría vuelto al Cielo con su espíritu al final de su permanencia en la tierra y precisamente por esto los gnósticos *cristianos* no aceptaban el martirio, recibiendo de la Iglesia la acusación de cobardía.

Hay que considerar la idea[11] de que en el periodo precristiano y en el del protocristianismo los elementos más antiguos del gnosticismo no solo eran bastante poco homogéneos, sino que todavía no estaban fusionados y que solo en el siglo II d.C. se llegará a doctrinas bien organizadas. Hay quien ha afirmado[12] precisamente que la identificación entre las figuras del redentor gnóstico y el Hijo del Hombre es una evolución del gnosticismo *cristiano*. Para algunos estudiosos del siglo XX, empezando por Rudolf Bultmann, fue el cristianismo en que derivó del gnosticismo. Todavía hoy en algunas cátedras universitarias de historia comparada de las religiones hay investigadores que sospechan lo mismo. Era, en el fondo, la tesis de los positivistas del siglo XIX, aunque no se referían expresamente al gnosticismo, sino en general a las categorías de la filosofía y de la mitología griega y de las teosofías orientales. Para el fundador del positivismo, Auguste Comte, fue Pablo, nacido en Tarso en el entorno judío helenista de la diáspora y que conocía igual de bien el griego y el hebreo, el que creó el cristianismo,[13] recurriendo a un oscuro personaje nazareno, Jesús, muy distinto del resultante de las Epístolas paulinas del Cristo-Mesías-Dios (el Dios-Ungido), traicionando asimismo la figura tradicional del mesías que esperaban los judíos, el cuál sí debería haber estado dotado de grandes carismas y gobernaría un reino milenario de paz, pero solo era un hombre: Pablo, siempre según Comte, creó la nueva religión caracterizándola con pensamientos y mitos helénicos. Pero se trataba de hipótesis no apoyadas en documentos, porque el punto de referencia era para Comte y para los otros críticos positivistas el Nuevo Testamento, del que refutaban como invenciones todo lo que no se correspondía con sus tesis. Identificaban en la dispersión del pueblo hebreo la condición objetiva del notable y bastante rápido desarrollo del primer cristianismo:[14] cualquier nuevo movimiento que hubiera nacido entre los judíos de la diáspora , decían, habría tenido grandes posibilidades de difusión gracias a la misma, dado que un muchísimos centros de la cuenca mediterránea, sobre todo en Egipto, en Asia Menor y en Italia había comunidades hebreas que cada cierto tiempo visitaban

---

11 R. E. Brown, C. Colpe, H. M. Schenke.

12 H. M. Schenke.

13 Hoy es la tesis de la escuela de crítica al cristianismo de la Universidad Hebrea de Jerusalén, para la cual, por el contrario, era un magnífico rabino hebreo, no un oscuro fantoche, como creía Comte.

14 Seguramente sí tuvo importancia: Pablo, cuando llegaba a una nueva localidad, ante todo predicaba a los hebreos en la sinagoga y luego se dirigía a los gentiles.

Jerusalén y estaban en contacto epistolar con otros hebreos. El movimiento se habría expandido rápida y grandemente en el ambiente gentil grecorromano, desbordando al judaísmo helenizado gracias, desde el principio, a la actividad frenética de Pablo y su helenidad, así como al trabajo posterior a él de otros cristianos judeo-helenizantes o grecorromanos, entre ellos un presunto autor heleno del Evangelio de Juan. Veremos que, por el contrario, la helenización propia y real del cristianismo no es anterior como mucho a los años 135-140 del siglo II, periodo en el que entran en juego los primeros apologistas greco-cristianos. También se supone que Jesús, durante sus años oscuros, aproximadamente entre los doce y los treinta años, habría estudiado doctrinas espirituales en Oriente; sin embargo, esa idea ya estaba en decadencia antes de la mitad del siglo XX: como indicaba Alan Bouquet en su *Storia delle religioni* escrita en 1941:[15] «Los estudiosos del Nuevo Testamento que nos precedieron erraron al suponer que el cristianismo inició su actividad con un maestro de tipo socrático o confuciano, que debía su notable éxito a su capacidad dialéctica y que luego se transformaría en un culto esotérico a un héroe divino».

El desafío entre el cristianismo y el gnosticismo *cristiano* no se cerró en el pasado, aunque oficialmente el segundo fue extirpado de la Iglesia ya en el siglo V, después de haber comenzado a debilitarse desde el siglo III. En realidad, ha resucitado varias veces en herejías[16] cristianas y todavía está vivo bajo otros nombres, en ciertas sectas y en las personas de miembros de la propia Iglesia. También el movimiento *New Age – Next Age* constituye un duro adversario para el cristianismo.

Hay hoy en día quienes piensan que la vía místico-ascética al conocimiento de Dios es sin duda superior a la del estudio de la Palabra, lo que puede considerarse como mínimo como una postura gnóstica. Me parece el caso, por ejemplo, de Marco Vannini en su ensayo *Il volto del Dio nascosto*,[17] que, salvo algunos versículos de San Juan, ignora el testamento y exalta la mística griega. Me parece que sustancialmente la tesis de este autor es que el mejor cristiano es el místico que sigue el ejemplo de

---

[15] Alan Bouquet, *Breve Storia delle religioni*, Mondadori, 1972.

[16] Utilizo aquí la palabra «herejía» en su significado etimológico, es decir, una elección distinta en uno o más puntos con respecto a la ortodoxia de lo que los estudiosos llaman la antigua Gran Iglesia.

[17] *Marco Vannini, Il volto del Dio nascosto. L'esperienza mistica dall'Iliade a Simone Weil*, Mondadori, Milán 1999, reimpreso bajo el título *Storia della mistica occidentale*, Oscar Mondadori 2010.

Jesús en la experiencia del Uno, alcanzando en la suma intuición de la propia razón la unidad profunda con el mismo Dios. El hecho es que, como resulta del conjunto de los Evangelios, el ejemplo de Cristo que el creyente debe seguir no es de tipo místico, sino práctico, en la caridad del día a día. Solo en algunos versículos de San Juan, extrapolados del conjunto de su Evangelio, se puede encontrar un aparente aval para esa tesis, como cuando Jesús afirma que él y el Padre son una sola cosa; pero en el cristianismo, según el mismo Nuevo Testamento, se entiende que Jesús-Cristo-Hijo es una Persona divina del único Dios, no que el hombre Jesús se haya fundido místicamente con Dios. Salvo error, me parece que Vannini alimenta un cierto desdén contra la Escritura, que rechaza el sentimiento hebreo y solo aprecia lo que en Juan parece venir del griego. También veremos versículos de Juan que algunos estudiosos han considerado escritos por un griego gnóstico.

También hay quienes, incluso entre cristianos, ignorando que el cristianismo tiene como base religiosa la resurrección real de Jesús, no una doctrina derivada de especulaciones, afirman que, bajo las enseñanzas para los creyentes comunes, es decir, casi todos, se oculta el verdadero saber revelado por Cristo a unos pocos discípulos y que estos solo lo transmitieron a una parte de sus alumnos. Uno de esos elegidos habría sido el apóstol Juan, por haber sido el mejor amigo de Cristo (el discípulo al que Jesús amaba) y, según Bultmann, porque en su Evangelio se incluyeron conceptos gnósticos esenciales. También los apóstoles Tomás y Felipe desde hace más de dos milenios se han encuadrado entre los presuntos elegidos entre los elegidos de Cristo, el primero por haber querido conocer a fondo la verdad, metiendo los dedos en las heridas del Resucitado y el segundo por haberle pedido que le hiciera ver al Padre.

Hoy hay cristianos que practican ritos secretos mágico-iniciáticos y espiritismo. Los encontramos, además de en el movimiento *New Age – Next Age*, entre católicos integristas de la extrema derecha que siguen a camarillas que hay que considerar más gnósticas que cristianas, por su postura de desdén cultural y humano haca las personas más sencillas, o solo consideradas tales por no ser de los suyos. También hay protestantes que participan en sesiones espiritistas o les tienta o incluso creen en la reencarnación. Otros cristianos son miembros de confraternidades esotéricas más o menos masónicas, rosacruces, o hermandades católicas que se refieren en secreto a los antiguos templarios o al martinismo de finales del siglo XVIII.

II - EL GNOSTICISMO ANTIGUO

El gnosticismo antiguo atraviesa tres fases:

El precristiano tiene como seguidores a paganos y, paralelamente, a hebreos.

El intermedio, introduciendo la persona de Jesús, usa algunos conceptos cristianos. Afecta de modo particular a los judíos. El exponente más famoso, aunque no esté entre los más gnósticos, es el samaritano Simón el Mago.

En la última fase, desde las primeras décadas del siglo II, ya hay una fuerte base de conceptos cristianos. Este gnosticismo cristianizante encuentra adeptos sobre todo entre griegos y romanos cultos.

En el gnosticismo precristiano, como, por ejemplo, entre los barbelognósticos, la redención deriva del despertar del Hombre primordial por obra de una Gran madre (Sofía, Sabiduría o Barbelo), que desciende al fondo del abismo primordial; posteriormente la función de la Salvación se desarrolla a partir de la figura masculina de Set entre los setianos y finalmente, con el gnosticismo *cristiano*, se atribuye a Cristo.

Sin embargo, tampoco en el gnosticismo *cristiano* hay nada misterioso en la encarnación real de Cristo, el Hijo-Dios-hombre, en su verdadera muerte por crucifixión y en su resurrección en cuerpo y alma humanos, conceptos que, para los creyentes, son *hechos históricos*, incluido el último, esenciales para el cristianismo. Para los gnósticos, el Salvador, después de descender sobre la tierra, sin encarnarse, y revelar el verdadero conocimiento, asciende, sin morir nunca, a través de los cielos materiales que Sofía había puesto como confines del mundo del universo físico y reconstruye la unidad del pléroma espiritual en una conflagración final de luz espléndida que elimina la materia y sella la redención de los seres humanos.

Gnósticos griegos y hebreos

Los antiguos maestros gnósticos impartían enseñanzas secretas a sus discípulos sobre problemas fundamentales de la humanidad, el origen y el fin del ser humano, la estructura del universo, el significado del mal y del dolor: esto constituye la parte filosófica de sus doctrinas, y ofrecían una vía religiosa de salvación ultraterrena. El conocimiento se alcanza por los adeptos principalmente en forma mística y también a través de rituales mágico-religiosos. Hay una jerarquía, con parte de las revelaciones ocultas y reservadas a los miembros del grado más alto.

Los sistemas filosófico-religiosos de los gnósticos son en parte diferentes de acuerdo con el contexto cultural en el que surgen y el momento en que nacen, pero hay puntos comunes fundamentales.

Para los gnósticos, el mal no es ausencia de bien, ni resultado de una culpa humana, como pasa en las religiones judía y cristiana, y luego en la islámica, sino una realidad a la que nos enfrentamos con angustia, y el caos es el reino de aquella muerte a la que el hombre parece inevitablemente dirigido y por la que la vida parece vana. Pero el gnóstico se considera especial, fundamentalmente ajeno a este mundo y destinado a sobrevivir gracias a una iluminación particular recibida de un redentor divino que le ha dirigido a un verdadero conocimiento esencial, de un tipo sobre todo intuitivo y místico, el cual puede elevar su espíritu a Dios y conducirlo a la salvación ultraterrena.

Un mito gnóstico esencial es el dualista, que nace de la necesidad de explicar el mal y armonizar la idea de un Dios no creado, perfecto y trascendente con un universo material inmanente, incluido el cuerpo del hombre, del cual su espíritu está prisionero, un mito que debe explicar cómo el fundamento del existir, el Uno, conserva su singularidad e inmutabilidad perfectas y al mismo tiempo se manifiesta en el múltiple devenir. Dios es, de hecho, el Ser, pero se expresa en múltiples entes, formas inteligibles del mundo, incluido el ente antropológico. Para los gnósticos, como Dios es bueno y la materia es mala, aquel no puede ser el creador directo. Él crea porque, al ser Amor, no desea estar solo, pero no el mundo material, sino el pléroma, reino de la divina plenitud poblado por sus criaturas espirituales (eones). Cuanto más se aproximan a los confines del pléroma, menos perfectos son esos espíritus.

La literatura gnóstica tiene forma mitológica: en concreto, los problemas fundamentales del hombre se expresan mediante mitos; pero al contrario que las mitologías primordiales de la naturaleza, que contaban la relación entre el hombre y el cosmos, en los textos gnósticos la relación del hombre con lo divino se narra de forma alegórica; no se trata solo del drama del hombre, pues en él también está implicado el dios gnóstico, un Uno que tiene la idea, pero que no puede expresarla en el mundo del *Anthropos* primordial, arquetipo del ente humano, y las almas de los iluminados pueden ascender después de muertas a esa idea de Dios. Es una concepción distinta de la de las religiones ortodoxa judía y cristiana, para las que no hay almas preexistentes y Dios crea al hombre a su imagen y semejanza, es el sentido de que insufla en él un hálito de su Vida y su Razón, haciendo no solo que esté vivo como los animales y las plantas, sino capaz de razonar a fondo, tener libre albedrío e intuir al Trascendente.

Para una parte de los gnósticos, el eón más lejano del Uno, a veces llamado Sofía, Sabiduría, es preso, o mejor presa de la Lujuria y de Sofía nació un Demiurgo, aquel mismo del que escribía Platón, es decir, un plasmador (no creador) del mundo material: la materia, aunque sea vacía, inactiva y estéril, para la mayoría de los gnósticos es coeterna con Dios. Para otros, especialmente en el entorno judaico y luego *cristiano*, el Demiurgo se identifica con el Dios cruel del Antiguo Testamento, Yahvé.[18] Pero, para otros, este se considera generado por el Demiurgo.

El Demiurgo, o su hijo, aplica malamente el modelo ideal del mundo que existe desde siempre y por siempre en la mente de Dios, el cual ignora la iniciativa, o por algún motivo no puede o no quiere impedir que se plasme el universo y, con él, los seres humanos. Ese torpe Artesano modela el cuerpo del hombre, dotado de psique, o razón, y le da vida, o alma vegetativa. Sofía infunde entonces en el ser humano su existencia espiritual: espíritu, o pneuma, o alma; pero, para la mayor parte de los sistemas gnósticos, el don solo se da a algunos, precisamente a los pneúmaticos o espirituales; no a los muchos otros seres humanos: los materiales; pero, para algunos gnósticos, hay hombres dotados de un psique (o alma) superior, llamados precisamente psíquicos, que buscando pueden fatigosamente llegar a obtener el ánima, la chispa divina, casi como los espirituales. El Demiurgo también plasma los siete planetas hasta entonces conocidos, incluida la Luna, llamados Gobernadores, por cuanto, según la astrología, gobiernan a través del destino el mundo terrestre y toda la materia en general. Fuera de sus esferas vive Dios, el Bien, que, por tanto, no es omnipresente: no está en los planetas ni en nuestro mundo en el que solo hay mal. Los planetas, considerados espíritus personales, eones (entre los hebreos gnósticos, ángeles malignos) ejercen una influencia malvada sobre los seres humanos. Según

[18] O Jhavè o Jahveh o Jeová, escrito *Jhwh*, pues el antiguo hebreo no se escribían las vocales, que se introducen solo posteriormente según la pronunciación más común.

ciertos grupos, no es del Demiurgo, sino de la Mente Primaria, de la que emanó a su imagen un arquetipo de Hombre, el *Anthropos*, que debería permanecer en el pléroma, pero, deseoso de crear, desciende de las esferas celestes y, acoplándose con la Naturaleza, da vida al género humano; el hombre inmanente trae el cuerpo de la madre y el ánima inmortal del padre. Se ha supuesto que esta visión distinta tuvo su fundamento no solo en antiguas tradiciones hebreas, sino también en la hermética, cuyo fundador es el legendario Hermes Trismegisto, nombre griego del dios egipcio Thot. También hay estudiosos que piensan que no hay relación entre la hermética y el gnosticismo. Es verdad que ambas filosofías esotéricas tienen en común el platonismo, de cuya doctrina de la ideas, o esencias, extrajeron la noción de que todas las entidades del mundo son copias imperfectas de la Idea divina inmaterial que hay en la mente de Dios, la única realidad; por ejemplo, la Idea del caballo: esta se refiere a todos los caballos existentes, pero cada uno de ellos está más o menos alejado de la Idea que tiene Dios, en función de la belleza, de la fuerza, de la velocidad, de la edad y, en general, de la *hipicidad* o *caballidad* del equino concreto, que, como todas las cosas del mundo material, es una mera sombra de la realidad esencial ideal divina. Los herméticos y los gnósticos tienen un sentir común no solo sobre la teoría de las ideas, tanto en un texto hermético como el *Poimandres* como en los libros gnósticos llamados «ortodoxos» se habla de la liberación del ánima humana de la esclavitud de los planetas para que pueda ascender por las esferas hasta el cielo más elevado del que había bajado su padre. Pero, más que en el hermetismo, está la gnosis esotérica que conoce bien «las puertas de las esferas» y los nombres de los demonios que las guardan y tiene las palabras esotéricas necesarias para pasar de una esfera a otra. En el libro de Enoc se habla precisamente de un ascenso de este personaje a través de las siete esferas celestiales. Es un texto apócrifo hebreo que tal vez influya en una alegoría de la Primera Epístola de Pedro del Nuevo testamento, relativa a la Ascensión de Cristo.

No solo los gnósticos judíos, sino también los griegos se refieren al aspecto esotérico, ascético y alquímico[19] de la compleja

---

[19] Uso el término «alquímico» y otros análogos, aunque, al menos basándonos en los documentos hasta ahora conocidos, la arte alquímica o alquimia oficial es posterior, de la Edad Antigua tardía y del Medioevo y solo llega a la Europa cristiana en torno al año 1000, gracias a contactos con alquimistas árabes. Los orígenes son confusos, se pueden remontar no solo a las civilizaciones griega y hebrea, sino también a la babilonia, india y china. En cuanto a los árabes, desarrollaron nociones y técnicas ya conocidas por ellos después de contactar con los chinos. Los primeros documentos

mística judía, incluyendo una interpretación alegórica de enseñanzas orales, no presentes en la Escritura, transmitidas de los iluminados a los neófitos. Parte de esta mística llevará siglos después a la *Qabbãlãh* (Cabbala o Cábala)[20] con el añadido de las filosofías neoplatónica y árabe. El gnosticismo sufre la fascinación, no solo de los símbolos judíos de la tradición esotérica, sino también de la Escritura ortodoxa. El doble relato, por dos autores distintos, de la creación de Adán, se escribe ya en el Génesis en el siglo VI a.C., tal vez basándose en una tradición oral precedente, es decir, que es anterior a las concepciones gnósticas.

Sin embargo hay diferencias conceptuales importantes entre el gnosticismo griego y el hebreo: en el sistema que podemos ya llamar convencionalmente como cabalístico la materia no es eterna, sino creada, Adán ha emanado directamente de Dos y ha sido hecho a su imagen, como en el Génesis, pero con una variante: el mundo terrestre no viene de Dios: Dios ha expresado otras nueve *sefirots* (emanaciones) además del Hombre y de las que proviene el mundo material; el resto del universo es espiritual y los planetas son ángeles malignos que se han rebelado contra Dios. La secta hebrea pregnóstica de los magarianos distingue entre Dios y su ángel creador, no solo del mundo, sino también del hombre, justificando así tanto el mal como los rasgos antropomórficos[21] del Yahvé del Génesis y de otras Escrituras bíblicas. El bloque angélico complejo y diversificado de los gnósticos hebreos pudo haber tenido origen en la religión dualista mazdea, que consideraba a los ángeles del bien como derivados de un Dios bueno y los ángeles del mal, demonios, originados por su

---

sobre alquimia, los llamados *papiros de Leiden y de Estocolmo*, encontrados en Tebas, son de los primeros siglos después de Cristo. Se trataba al principio sobre todo de alquimia mística, no de esa alquimia que genera las bases de la química moderna, esa alquimia también sistemáticamente empírica que busca a largo plazo, ante todo, la panacea, es decir, el elixir de la vida eterna y, de alcanzarla también por medio del favor divino, intenta vanamente producir esa piedra filosofal que debería transformar cualquier metal en oro.

20 Según un comentario cabalístico al Pentateuco atribuido a un cierto Moisés de León, del siglo XIII, titulado *Zóhar* o *Libro del esplendor*, Dios es ilimitado, cognoscible solo por sus atributos y, según algunos, el conocimiento es posible mediante las emanaciones (sefirot) que constituyen esferas de las manifestaciones de Dios a través de las cuales la vida divina circula, que son corona, inteligencia, sabiduría, misericordia, juicios y otras más: solo a través del *conocimiento* de estas el iniciado puede hacer llegar a Dios sus obras.
La cábala despierta un fuerte interés en el entorno cristiano durante el Humanismo, con consecuencias esenciales en los siglos posteriores. Entre otras cosas, entra en la masonería.

21 En realidad, solo metafóricos. Se trata de un Dios antropomorfizado, a la medida de los autores bíblicos más antiguos, que no poseían el concepto de pneuma.

correspondiente Dios del mal. Pero, para todos los judíos, los ángeles son, por el contrario, siempre criaturas de Dios; están dotados de una libertad inicial para pecar; parte de estos ángeles, por su propia rebelión-división, deviene diabólica, después de que Dios radicaliza la elección buena o mala para siempre, sin más posibilidad de pecar para los buenos ni de salvarse para los demonios. Es una idea que, simbólicamente, pasará al Apocalipsis cristiano de Juan, que habla de una batalla en el cielo en la que Satanás (el dragón-serpiente) y los suyos son derrotados por las escuadras de los ángeles buenos y son precipitados por Dios a la Tierra y que está presente en apocalipsis hebreos compuestos desde aproximadamente el siglo II-I a.C. hasta el siglo I, como el *Libro de Enoc*: no es fe de la religión hebrea ni de la cristiana. La idea de una batalla real entre ángeles está sin embargo fuertemente presente en el sentir de los cristianos, no solo antes de la época contemporánea, sino, al menos en muchos creyentes, todavía hoy, aunque no se trata de ningún dogma fijado; por el contrario, la teología tiene muy presente lo alegórico de ese combate.

Los gnósticos, y los primeros de ellos los hebreos, se interesan pronto, hacia los años 35-40, por el primer cristianismo, que es de entorno judío.

¿Esenios gnósticos? ¿El esenismo, matriz del cristianismo? Qumran

Antes de hablar de los gnósticos precristianos y cristianos está bien dar un vistazo a la secta hebrea de los esenios, que tenía aspectos gnósticos, y es interesante ver si se ha demostrado suficientemente lo que afirman algunos: que el esenismo, se califique o no como gnóstico, llevó al pensamiento cristiano.

Los historiadores antiguos Filón de Alejandría y Flavio Josefo,[22] hebreos y contemporáneos de los esenios del siglo I, mostraban admiración por esta secta, viva al menos desde el año 100 a.C. y que duró hasta el 68 d.C.;[23] consideraban que se trataba de hombres dedicados a la oración y al amor por el mundo: un poco como monjes santos. A partir de esas ideas, algunos historiadores modernos han pensado que Jesús, antes de su vida pública, fue uno de esos monjes y que su predicación tenía rasgos esenios y que el bautismo impartido a Cristo por Juan Bautista

[22] También hablan de los esenios Plinio el Viejo y Dion Boccadoro.

[23] Año de la destrucción de Qumrán y la dispersión de la confraternidad.

habría sido un bautismo esenio. El hecho es que esa doctrina, la verdadera doctrina esenia, se mantenía oculta al público por sus seguidores; de hecho, los esenios hacían circular falsas noticias sobre ellos para confundir al resto del mundo, considerado en su conjunto un adversario maligno e insalvable[24] a destruir al final de los tiempos.

El equívoco pudo despejarse gracias al descubrimiento de documentos esenios[25] esenciales y textos de la Escritura entre finales de la década de los años 40 y la primera mitad de los 50 del siglo XX, cerca de Qumrán, en el extremo noroeste del mar Muerto, un descubrimiento tan improbable como el de Nag Hammadi. La secta los había escondido antes del año 68 en grutas para ocultarlos a las legiones romanas que estaban pasando Israel a hierro y fuego y destruirían poco tiempo después el pueblo de Qumrán y posteriormente, en el año 70, Jerusalén con su templo.

La confraternidad esenia se ha considerado gnóstica porque consideraba la materia como un mal, porque se consideraba un grupo elegido del pueblo hebreo, por practicar, tal vez, la magia y sin duda por conocerla. Pero hay algo esencial que está ausente: el mito del redentor divino. Los esenios creían, según la tradición israelita, en la figura del mesías en el sentido de un rey carismático, solo hombre; pero los esenios esperaban dos mesías que deberían guiarlos hasta el Fin de los Días, uno regio y otros sacerdotal (por el contrario, Jesucristo encarnará ambas figuras). El Fin de los Días llegará en un apocalíptico Día del Odio: una batalla final entre los esenios y todos los demás en la que el poder de Dios en persona destruirá a los hijos del mal junto a los ángeles satánicos: tampoco en el esenismo, como en el judaísmo y luego en el cristianismo, hay un dualismo entre un Bien y un Mal igualmente poderosos, el segundo es menos fuerte.

Hay que advertir que el pensamiento griego arraiga desde el siglo II-I a.C. en Palestina y, ya antes, en el III, en Alejandría, entre

---

[24] A menos que se tratara de miembros extraordinariamente dedicados a las prácticas de pureza de los fariseos, que eran aceptados después de una muy larga purificación. Los saduceos, que ni siquiera creían en la supervivencia tras la muerte, y los paganos eran todos hijos de Satanás eternamente.

[25] En ninguno de estos rollos aparece la palabra, pero los estudiosos por lo general están convencidos de que se trataba de los ya conocidos esenios y no de otra secta desconocida hasta entonces. Sabemos por la Historia que esta congregación estaba presente incluso en Damasco y en Egipto; además, en Judea había esenios que no vivían en comunidad. Entre los principales estudiosos que han investigado los rollos de Qumrán encontramos a David Flusser, de la Universidad Hebrea de Jerusalén, Robert Eisenman de la Universidad del Estado de California y Michael White, de la Universidad de Chicago.

los hebreos de la diáspora. En los últimos libros deuterocanónicos, en particular, Eclesiástico (principios del siglo II a.C.) y Sabiduría (siglo I a.C.), hay una especulación sobre la sabiduría que tiene connotaciones helenísticas. Por tanto, no es extraño que elementos del pensamiento griego estén presentes también en el Qumrán. El historiador Flavio Josefo consideraba que el sentimiento esenio era análogo al pitagórico; el pensamiento esenio del que informa ese escritor tiene puntos en común con posteriores textos herméticos.

Si, como los gnósticos, los esenios se consideran elegidos, su espíritu elitista es todavía más fuerte: mientras los primeros se consideran separados espiritualmente de los materiales, identificando estos más o menos con los necios y los muy ignorantes de esos tiempos, entre los esenios rige además la separación física más rigurosa de todos los que no son esenios, aunque se trate de personas cultas, como los escribas, los sacerdotes y los rabinos.

La vida de los esenios es ascética, su dieta es muy pobre, quien ha entrado en la secta tiene prohibido el matrimonio; pueden admitirse casados, pero en todo caso se los considera menos puros que los demás seguidores: es un principio que reaparecerá en cierto gnosticismo *cristiano*, luego en el maniqueísmo y finalmente en las sucesivas congregaciones de inspiración gnóstica, como en los cátaros-albigenses en los siglos XII - XIII.

Los esenios practican una cena con bendición del pan y el vino, como luego los cristianos, y los colaboradores del gran maestro son doce, como los apóstoles de Jesús. Esto se ha considerado como una de las pruebas de la derivación del cristianismo a partir del esenismo. Sin embargo, fuera de los sensacionalismos, las tribus de Israel son precisamente el mismo número, más una decimotercera, la de los antiguos sacerdotes levitas y es tradicional el número de doce colaboradores y consejeros en torno a una decimotercera persona, el maestro-sacerdote; la bendición del alimento, en particular durante la Pascua hebrea, es algo tradicional entre los hebreos y también la Última Cena de Jesús es una Pascua hebrea, en la que el pan y el vino bendecidos son presentados por Cristo a los doce apóstoles con una significado nuevo, el del sacrificio de Jesús en la cruz. Hay que tener siempre presente que Jesús no aparece de golpe como un extraterrestre desembarcado en la tierra, sino que nace y se cría en la cultura hebrea, que es la suya, aunque aporte algunas innovaciones.

La doctrina y la liturgia esenias dan una importancia primordial, extremándolas, a las normas de pureza de aquellos hebreos que desde el siglo III a.C. en adelante, en oposición al dominio extranjero del rey Antíoco Epífanes y sus sucesores, se apartan del resto del pueblo y se definen a sí mismos como *perushim*, separados, en griego *pharisàion*, fariseos. Sin embargo, los esenios condenan, desde su perspectiva extremista, la clase de los fariseos de su época por la laxitud de sus costumbres, por no seguir plenamente las normas de pureza y por haberse colocado al frente del pueblo hebreo en lugar de mantenerse orgullosamente apartados. Según los Evangelios, también Jesús reprende a ciertos fariseos, pero por las razones opuestas, porque son formalistas sin amor por el prójimo. No es exacto decir, como se oye decir, que condena a los fariseos en general: reprende y reprueba solo a un grupo fariseo que forma parte o gira en torno al poder, es decir, al sanedrín y el templo; había muchos fariseos moderados y realmente justos en los tiempos de Cristo, por ejemplo, la secta farisea de Hillel, que predicaba y, a falta de pruebas en contrario, se supone que practicaba una sólida doctrina de amor, aunque no fuera por todos, al excluir a samaritanos y romanos, al contrario que Jesús.

Quien tenía defectos físicos no podía formar parte de los esenios, ya que consideran que estos son señales de pecados suyos personales o de sus padres: una consideración opuesta a la de los cristianos.

Los esenios creían en la predestinación, a diferencia del cristianismo, salvo el reformado de Lutero, 1.500 años después.

Al contrario que los cristianos, parece que la secta de Qumrán practicaba adivinación, astrología y magia: entre los documentos de Qumrán se han encontrado algunos de carácter mágico-adivinatorio, los llamados *Brontología*, *Texto fisiognómico*, *Fórmula contra los espíritus malignos de un amuleto*, *La era de la luz está llegando*, *Él amó sus emisiones corporales*, *Himno para el rey Jonatán*. Los estudiosos del Qumrán, Eisenman y Wise, han advertido son embargo que, aunque la magia, los amuletos, la astrología y otras cosas similares eran desaprobados por los rabinos, entre los hebreos tenían un papel normal en la vida cotidiana, como, por otra parte, pasaba en el mundo griego y romano en el que la adivinación y la astrología tenían de su lado las mentes más elevadas, entre ellas las de los estoicos. Entre los judíos los amuletos estaban bastante difundidos, aunque se condenaran. Con los encantamientos mágicos los hebreos querían prevenir desgracias y calamidades y exorcizar a los demonios de las enfermedades y varios otros espíritus malignos, como el del techo de la habitación, de una forma muy similar a la religión grecorromana. Escritores hebreos de esos tiempos como pseudo-Eupólemo y Artapano, atribuían la invención de la astrología precisamente al fundador Abraham. El ya citado libro apócrifo de Enoc presentaba al mismo personaje como descubridor y revelador de los conocimientos mágicos y astrológicos. Por tanto, no hay que sorprenderse de que entre los múltiples documentos sapienciales de Qumrán se hayan encontrado también algunos textos de esa naturaleza. No se ha aclarado si las prácticas correspondientes estaban prohibidas en el Qumrán, igual que para todos los hebreos y se aplicaban igualmente de forma ocasional o si esos documentos tenían la mera función de estudiar una magia que no se practicaría.

Así que los esenios se aman entre ellos y odian a muerte a todos los demás. Llegan a pronunciar, entre otras maldiciones a los no esenios, los *hijos de Satanás*, incluso esta: «Cuando alces tus gritos, Dios no tendrá misericordia, ni te perdonará borrando tus iniquidades».[26] En los escritos esenios se usan expresiones que también se encuentran en el gnosticismo, como hijos de la luz (ellos, los justos) e hijos de las tinieblas (los otros, los pecadores), aunque hay que tener en cuenta desde el principio que se trata de símbolos generales, presentes en las diversas culturas del mundo, no estrictamente gnósticos y que para el gnosticismo el sentido es bastante distinto: es el de los hijos de la luz del conocimiento e hijos de las tinieblas de la materia ignorante, mientras que para los esenios se trata, ante todo, de justos (según su punto de vista) y pecadores.

Tampoco hay que excluir que los esenios acabaran confluyendo en el cristianismo. Hay entre los comentaristas bíblicos quienes han supuesto como tales o al menos cercanos a este entorno a Juan Bautista,[27] por su comportamiento vehemente hacia los pecadores, y Juan apóstol y, tal vez, también evangelista,[28] por el uso de

---

[26] Regla de la comunidad, II, 8.

[27] De quien, históricamente, surge una corriente distinta y concurrente con el cristianismo. En el Evangelio, este Juan se presenta como el último profeta antiguo que anuncia a Jesús, lo que puede ser verdadero históricamente, y no solo en el plano de la fe, al menos durante los pocos meses de su vida que van desde el bautismo de penitencia que imparte a Jesús hasta su decapitación, sin que estén ausentes en él algunas dudas humanas, siempre según cuenta el Evangelio: en la cárcel, próximo a su decapitación por orden del tetrarca Antipas, manda preguntar a Jesús si es verdad que él es el Mesías o debe esperar a otros. En lo que respecta al otro Juan, el apóstol de Jesús, el Evangelio hace saber que este había estado antes entre los discípulos de Juan Bautista.

[28] Según la «Escuela bíblica de Jerusalén», los autores del cuarto Evangelio serían tres, de los cuales el segundo habría escrito en dos partes, la segunda vez depurando teológicamente los conceptos. En todo caso, se puede hablar de un evangelio

expresiones como la citada *hijos de la luz e hijos de las tinieblas*; sobre el segundo, que venía de un judaísmo contemporáneo ya helenizado, había una inevitable influencia griega, aunque esto no significa que sea de tipo gnóstico. Hablaremos más de esto a propósito de Bultmann y de su consideración de Juan como un gnóstico y en el lugar apropiado volveremos sobre el dualismo esenio, entre otros del mandeo.

Para David Flusser, habría una dependencia del cristianismo del esenismo.[29] Es una idea que basa en algunos escritos del siglo I, *El testamento de los doce patriarcas*, libro judío apócrifo cercano al pensamiento esenio y, en ciertos aspectos, al de Jesús, y los primeros seis libros de la *Didaché*, texto cristiano, aunque no canónico, en el que hay presentes aspectos del esenismo. Flusser critica el cristianismo. Lo considera, como antes Comte, como una invención paulina a partir de un Jesús real, pero no resucitado; pero para el primero fue un hombre justo, mientras que para Comte Jesús era una especie de canalla. Además, para Flusser, el odio esenio se transfirió al cristianismo, donde «hoy en día el amor cristiano lleva a veces ropajes esenios: se ama al malvado y se odia al justo». Pero es cierto que, aunque ese pueda ser el comportamiento de algunos cristianos, el principio que aparece en el Nuevo Testamento es el de amar a todos, amigos y enemigos. Aunque sea posible que los esenios, cansados de aquella doctrina de odio y tal vez influidos por la escuela farisaica de Hillel que predicaba el amor hubieran acabado en el cristianismo, no está sin embargo demostrado que un esenismo modificado, convertido en ecuménico, sobre todo a través de Pablo, después de haber eliminado el mandamiento de odiar, se haya convertido en cristianismo, inventando la resurrección de Cristo: no hay documentación, solo hay hipótesis, en cuya base está sencillamente el rechazo a priori del Trascendente o, cuando menos, del cristianismo.

Hacia el gnosticismo «cristiano»

Los gnósticos más conocidos del siglo I son el judío Dositeo, que pudo haber sido un discípulo de Juan Bautista y, por tanto, tal

---

redactado en la comunidad eclesial de Éfeso, dirigida por Juan, sobre la base de la predicación de este apóstol.

[29] Cf. David Flusser, *La setta di Qumran*, Piemme, 1998.

vez un gnóstico de la secta esenia; su seguidor Simón el Mago y su alumno Menandro.

A diferencia de Dositeo, Simón el Mago no es plenamente gnóstico, aunque los Padres de la Iglesia llegaron a considerarlo el fundador del gnosticismo. Es sobre todo un mesías de los samaritanos que practica y enseña magia. Aprende algunos conceptos de la predicación apostólica. Según los Hechos de los Apóstoles, escritos por San Lucas,[30], es bautizado como cristiano por el diácono Felipe (no confundirlo con el apóstol del mismo nombre) y trata de tener negocios mágico-espirituales con Pedro, se ve reprendido y se arrepiente:

> «Desde hacía un tiempo, vivía en esa ciudad un hombre llamado Simón, el cual con sus artes mágicas tenía deslumbrados a los samaritanos y pretendía ser un gran personaje. Todos, desde el más pequeño al más grande, lo seguían y decían: "Este hombre es la Fuerza de Dios, esa que es llamada Grande". Y lo seguían, porque desde hacía tiempo los tenía seducidos con su magia. Pero cuando creyeron a Felipe, que les anunciaba la Buena Noticia del Reino de Dios y el nombre de Jesucristo, todos, hombres y mujeres, se hicieron bautizar. Simón también creyó y, una vez bautizado, no se separaba de Felipe. Al ver los signos y los grandes prodigios que se realizaban, él no salía de su asombro. Cuando los Apóstoles que estaban en Jerusalén oyeron que los samaritanos habían recibido la Palabra de Dios, les enviaron a Pedro y a Juan. Estos, al llegar, oraron por ellos para que recibieran el Espíritu Santo. Porque todavía no había descendido sobre ninguno de ellos, sino que solamente estaban bautizados en el nombre del Señor Jesús. Entonces les impusieron las manos y recibieron el Espíritu Santo. Al ver que por la imposición de las manos de los Apóstoles se confería el Espíritu Santo, Simón les ofreció dinero, diciéndoles: "Os ruego que me deis ese poder a mí también, para que aquel a quien yo imponga las manos reciba el Espíritu Santo". Pedro le contestó: "Maldito sea tu dinero y tú mismo, Porque has creído que el don de Dios se compra con dinero. No tendrás ninguna participación en ese poder, porque tu corazón no es recto a los ojos de Dios. Arrepiéntete de tu maldad y ora al Señor: quizá él te perdone este mal deseo de tu corazón, porque veo que estás sumido en la amargura de la hiel y envuelto en los lazos de la iniquidad". Simón respondió: "Rogad más bien vosotros al Señor, para que no me suceda nada de lo que acabas de decir"».

Pero el arrepentimiento de Simón el Mago es solo aparente. Llega a afirmar, según lo que referirá hacia la mitad del siglo II Justino el

[30] Hechos 8:9-24.

Mártir, que él era el único y verdadero Dios, idea rápidamente difundida en su secta, llamada por su nombre los simonianos. Ireneo de Lyon, en el siglo II, escribirá que Simón el Mago afirmaba haber descendido a la tierra como Padre, aparecerse solo a los samaritanos como Hijo y a los demás como Espíritu Santo. Según Justino, este Simón creía en un mito que hoy se calificaría como gnóstico, el de un Pensamiento Primario (*ennoia*) convertido en prisionero de un cuerpo, que Simón hace coincidir con el de Helena de Troya. Pero este mito podría haber derivado del gnosticismo de Valentino (lo veremos) y haberse atribuido posteriormente de manera errónea al pensamiento de Simón el Mago. Se dice, aunque podría ser una leyenda difamatoria de matriz cristiana, que este, completamente loco, se quita la vida estrellándose contra el suelo, tras saltar de un lugar en alto, convencido de saber volar.

Menandro, discípulo de Simón el Mago, como su maestro, practica la magia e imparte enseñanzas teúrgicas, además de teológicas. A veces se lo menciona como el primer gnóstico *cristiano* verdadero. Pero se consideran más como fundadores de este gnosticismo sus discípulos Saturnino y Basílides. Los seguirán Cerinto, Carpócrates y, más importantes, Marción, Valentín y Ptolomeo.

Gnosticismo «cristiano»

En lo que respecta al siglo II, los datos sobre los gnósticos *cristianos* son imprecisos.

La secta de los nicolaítas, condenada en el Apocalipsis de Juan, rechaza como verdadero Dios, igual que otros gnósticos, a Yahvé, el creador en el Antiguo Testamento, tiene costumbres muy licenciosas y una idea gnóstico-espiritual de la resurrección. Su fundador sería Nicolás de Antioquía, uno de los siete diáconos nombrados por los apóstoles en Jerusalén.

También es gnóstico un tal Apolo: predica que Cristo coincide con Sofía, la cual, una vez sobre la tierra, es ignorada por los poderosos, todos dedicados a las glorias y riquezas material, y solo es escuchada por los iluminados.

Con respecto a los gnósticos setianos, llamados así por su mítico fundador Set, antes del mundo bajo Dios Padre había una larga serie de eones. Los más altos eran el Espíritu Santo y el Sol, inmediatamente bajo ellos estaban Cristo y la Iglesia. Estos habrían originado a Sofía, que, uniéndose a las aguas del mundo, había generado siete hijos, correspondientes a otros tantos nombres de Yahvé (Eloí, Adonái, etc.), que juntos habían modelado al hombre a su propia imagen. Cristo había descendido a la tierra para liberarlo, atravesando los siete cielos y asumiendo cada vez, para pasarlos, el aspecto del ángel que lo custodiaba.

A partir del siglo II tenemos más información.

Un alumno de Menandro, Saturnino, actúa en Antioquía, entre los años 100 y 150. Para él, Yahvé ha creado seis ángeles-planetas que se aliaron contra el verdadero Dios, que está oculto a todos. Son los ángeles los que crean el hombre, criatura que se arrastra por la tierra, como la serpiente del Edén, hasta que el verdadero Dios le infunde una chispa de luz; pero no a todos, por lo que parte de los hombres es material, metafóricamente arrastrada y sin posibilidad de salvación eterna.

Basílides nace en Siria. Empieza difundiendo las ideas de Simón el Mago, embebiéndolas en alegorías apocalípticas judías. Enseña en Alejandría en los años 132-135 una teología propia gnóstico-*cristiana* de la que perviven pocos fragmentos y restos de escritos de sus críticos, sobre todo de Clemente de Alejandría. Este doctor gnóstico adapta la ética cristiana a las categorías estoicas y es autor de un evangelio apócrifo llamado por su nombre *Evangelio de Basílides* y de veinticuatro libros de exégesis evangélica. Es profundamente pesimista con respecto al mal universal, está convencido de la pecabilidad radical del ánima humana, que considera que debe expiarse. Afirma la existencia de 365 cielos, cada uno gobernado por un dios inferior, el último de los cuales es Yahvé el Demiurgo. Para Basílides, todo deriva de un primitivo No Ser que gradualmente se convierte en Ser, de quien emana lo existente visible a través del Demiurgo. Sostiene que Jesús no muere en la cruz, sino que Simón el cireneo, que, como sabemos por el Evangelio, en cierto punto de la subida al Gólgota es obligado por los soldados a llevar a su vez el travesaño, asume el aspecto de Jesús y muere en su lugar, mientras Cristo asiste, invisible, a la crucifixión. El cuerpo de Jesús es para Basílides, que desprecia la materia como causa del dolor y rechaza la idea del sufrimiento de un ser divino, una mera apariencia. Por eso, para él y para otros *cristianos* como él, María permanece físicamente virgen durante el parto: no se trata de un milagro, como creen los cristianos.

Al menos desde el siglo II ya es común la idea de la virginidad sempiterna de María. La Iglesia tendrá la tentación de definir como dogmática esta virginidad física perpetua durante los concilios de Calcedonia y Constantinopla II, pero no se llegará a su definición, precisamente para no arriesgarse a favorecer la concepción gnóstica del cuerpo fantasmagórico de Cristo. Siglos después, Tomás de Aquino escribirá que lo que importa es la pureza del corazón y que la ruptura del himen es un hecho accidental que no afecta a la virginidad esencial. Aunque el concepto esté en la fe común de los católicos, al contrario de lo que normalmente se cree, la idea de la virginidad física de María, hasta la fecha, no es un dogma definido ni por un concilio *ecuménico*, ni por un papa. En la proclamación de la Asunción de Pío XII se habla de la siempre virgen María, pero no es este el objeto del dogma, sino la asunción de María a Dios en cuerpo y alma. El dogma de la virginidad sempiterna se expresó antiguamente en dos concilios *no* ecuménicos, es decir, a los que no se invitó a todos los obispos, Capua y Lateranense II, pero precisamente por esta falta de ecumenismo no se trata de un dogma.

Para Basílides, el cuerpo fantasma de Jesús puede aparecer o desvanecerse a voluntad de Cristo. Se trata de una de las variantes del llamado docetismo gnóstico, de *dokéo*, aparición. El escritor eclesiástico Jerónimo, siglos IV-V, escribirá que la idea de que el cuerpo de Jesús sea solo un fantasma comienza a difundirse cuando los apóstoles todavía están todos vivos, por tanto, desde los primeros tiempos del cristianismo, dado que el primer mártir apostólico, Santiago, hermano de Juan, es martirizado en torno al año 42. Para ciertos cristianos docetistas, Cristo ha venido a la tierra a infundir en el ser humano la chispa de la bondad, no solo la del verdadero conocimiento; por tanto, la sabiduría mística solo se consigue si el espíritu ha alcanzado un grado suficiente de bondad. Es esencialmente en eso en lo que se puede ver un componente cristiano dentro de esta doctrina.

Cerinto considera al mundo como creado por una fuerza a la máxima distancia de Dios, que podría identificarse con Yahvé. Para él, Jesús es solo un hombre, hijo de Jesús y María y el Cristo, espíritu divino sabio y benigno, desciende en él durante el bautismo, para que Jesús pueda predicar con sabiduría, y lo abandona antes de la crucifixión, pero volverá para instaurar un reino terrenal de paz durante miles de años. Cerinto rechaza la circuncisión y el descanso del sábado y desprecia a los judeocristianos que, como los otros hebreos, siguen estas prácticas. Es uno de los primeros exponentes de la llamada herejía adopcionista, según la cual Jesús es solo un hombre adoptado de alguna manera por Dios. Según cierta tradición, Cerinto se habría opuesto especialmente al apóstol Juan.

La idea de que Dios no puede sufrir está también presente en la secta hebrea pseudocristiana de los ebionitas, surgida en época indeterminada, pero activa en el siglo III. Según el escritor eclesiástico Jerónimo, se trata de los *minim* a los que los judíos habían maldecido y excomulgado, hacia el año 90, junto a otros grupos hebreos y a los judeocristianos. También nos han llegado noticias de ellos a través de los cristianos Hipólito y Orígenes. Los ebionitas tal vez conocieran la doctrina de Cerinto: como él, consideraban la materia un mal. Por eso son considerados por los historiadores como gnósticos. Pero en el resto de las cosas es una secta no cercana al gnosticismo. Sus adeptos no creen en la divinidad de Jesús hombre ni en su eonicidad, ni siquiera en su nacimiento de una virgen. Pero, según Orígenes, una parte creen en su concepción virginal, ya que este subgrupo usa el Evangelio de Mateo, donde se sostiene la concepción del Salvador en una virgen por obra del Espíritu Santo. Todos los ebionitas consideran a Jesús sencillamente un profeta sobre el que se imaginan que Dios desciende como Cristo *en forma* de paloma durante el bautismo recibido de Juan, para luego irse volando antes de la crucifixión para no tener que sufrir junto al hombre Jesús.

> A propósito de la *forma* de paloma: En realidad en el Evangelio, el Espíritu Santo desciende sobre Cristo en el momento de su bautismo *a la manera* y no *con la forma* de una paloma, es decir, llega a la tierra como hace una paloma cuando se posa; la *forma* de paloma de la tercera Persona divina, aceptada por mucho tiempo también en la Iglesia, pero ya no, derivaba de una interpretación equívoca del texto evangélico original griego.

Como los ebionitas piensan que Jesús solo es un profeta, se los considera entre los adopcionistas. Consideran a Pablo como un gran traidor, porque había conseguido de la Iglesia que los gentiles no tuvieran que circuncidarse. Debido a su distinta manera de entender a Cristo, tienen una liturgia eucarística particular e interpretan a los profetas antiguos a su manera. Para ellos, es muy importante el apóstol Santiago, hermano de Jesús, llamado también el Justo y, no por ellos, el Menor.[31] Lo ensalzan precisamente porque niegan la maternidad virginal de María y, de hecho, si ambos son hijos del mismo padre José, si se niega la divinidad del

[31] «El Mayor» es el otro apóstol Santiago, hermano del apóstol Juan.

hombre Jesús no se puede sino aumentar el valor de la figura de Santiago. No se cree, aunque no se excluye, que practicaran una ritualidad místico-esotérica. Para ellos, a diferencia de Cerinto, Yahvé es Dios creador.

Un discípulo de Cerinto, Carpócrates, se distancia del maestro. El mundo es creado por arcontes, ángeles buenos según lo hebreos y, por el contrario, para él fuente de vicios. Desprecia profundamente a todos los judíos. Enseña en Alejandría. Afirma que no habrá ningún milenio mesiánico sobre la tierra, sino que los iluminados estarán en disposición de participar del poder de Dios convirtiéndose en similares a Cristo y pudiendo hacer milagros. Su doctrina es amoral. Los arcontes están a la cabeza de los vicios y, para librarse de ellos, los elegidos deben convertirse en viciosos, pues en caso contrario deben reencarnarse para expiarlos, volviendo a empezar desde el principio su camino hecho de vicios para el cuerpo, al que hay que humillar al máximo recurriendo incluso a prácticas sexuales extremas que, para los hebreos son, por el contrario, perversiones abominables,[32] además de tener una mística para el ánima, para elevarla lo máximo pasible. Además de la idea de la creación del cosmos por parte de Dios, rechaza a Yahvé y la ley judaica.

> No hay que sorprenderse de que para algunos gnósticos se tratara de humillar el cuerpo con las privaciones y para otros, como Carpócrates, con los desenfrenos más repugnantes: son ópticas distintas dependientes del carácter de los fundadores de las sectas, sobre el mismo principio de que solo el espíritu es bien y de que la materia debe exorcizarse de alguna manera.

También uno de los jefes gnósticos más importantes, el docetista Marción, desprecia a los hebreos no convertidos a Cristo, a los que considera siervos de un dios maléfico. Nació hacia el año 85 en Sinope, junto al mar Negro, hijo de un obispo. Tal vez se convirtió también en obispo. Entretanto, navega, comercia y estudia en bibliotecas y con maestros de las ciudades que toca con su nave. Se enriquece extraordinariamente. Se establece en Roma con gran pompa poco antes de 140 y se convierte en figura prominente del cristianismo, también porque, *nada nuevo bajo el sol*, como advertía desde el siglo IV-III /a.C. el libro del Eclesiastés, hace grandes donaciones. Sin embargo, sus ideas gnósticas lo llevaron en el año 144 a la excomunión. Según algunos, ya habría sido excomulgado una primera vez por su padre.

---

[32] También para Pablo: una de las pruebas de su mentalidad esencialmente hebrea y no helénica.

Tiene muchísimos seguidores y además funda una verdadera iglesia alternativa, que será llamada marcionita por su nombre y representará un peligro muy grave para la Iglesia. Establece para empezar un canon neotestamentario formado por la Epístolas de Pablo, con la exclusión de las de Timoteo y Tito y por el Evangelio de Lucas, del cual expurga las partes en las que Cristo come y otra, para que no se aprecie la corporeidad de Jesús, de quien, para él, igual que para Basílides, solo existe realmente el ánima, mientras que el cuerpo es un mero fantasma y también para que aparezca la coincidencia entre el Creador y Cristo: por lo que parece, dado que mutila y en algunos pasajes modifica el Evangelio de Lucas, se considera él mismo también un evangelista.

Como ya se ha dicho, el canon marcionita es la ocasión histórica para que la Iglesia comience a fijar el suyo propio. Se consideran conformes con la predicación histórica, es decir, Palabra de Dios, exclusivamente los libros (serán finalmente veintisiete) escritos en la segunda mitad del siglo I y no otros, cuando, al menos en parte, los testigos oculares de la Resurrección estaban aún vivos y los habrían podido desmentir: ningún texto posterior a la muerte del último de ellos será aceptado y el criterio para establecer que los libros se habían redactado en esos años y no posteriormente es este: que se hubieran usado desde el principio en todas las comunidades eclesiásticas y no solo en algunas iglesias y se hubieran leído precisamente porque se juzgaban correspondientes con la predicación oral contemporánea de los apóstoles y sus discípulos directos.

Para establecer qué libros se habrían escrito en la segunda mitad del siglo I se aceptó como fuente primaria la tradición oral y, en primer lugar, la memoria todavía persistente en las iglesias más antiguas del uso de los mismos desde los primeros años de su existencia; pero no se puede excluir que hubiera entonces en esas comunidades fuentes escritas relativas a la datación de los documentos neotestamentarios en su posesión, aunque no tenemos pruebas; además de la datación, se consideraron textos de figuras principales de la Iglesia, sobre todo los escritos de Eusebio de Cesarea (que vivió entre ca. 275 y 339), autor de una esencial *Historia de la Iglesia* basada en documentos históricos anteriores recopilados por él; hablaba, entre otras cosas, de un texto del padre apostólico San Papías, obispo de Hierápolis, localidad del Asia Menor, nacido en torno al año 70 y muerto entre el 130 y el 140: un escrito que citaba los evangelios de Marcos y Mateo (el segundo redactado «en la lengua de los judíos») y aludía a otros dos libros neotestamentarios, la primera epístola neotestamentaria de Juan y la primera epístola de Pedro. Por otro lado, para establecer la redacción en el siglo I de libros se tuvo en cuenta el uso por parte del herético Marción de casi todas las epístolas de Pablo y del evangelio de Lucas, aunque Marción lo cambiara en ciertos puntos. En lo que se refiere en particular a Papías, según la *Historia de la Iglesia* eusebiana, ese obispo había escrito: «No dudaré en añadir a mis interpretaciones también lo que he llegado a saber de los presbíteros y que recuerdo bien, seguro de que me han dicho la verdad, porque yo no disfruto, como la mayor parte, escuchando al que habla mucho, sino a quien enseña la verdad; no a quien cita mandamientos de otros, sino a quien atribuye esos datos a la fe del Señor y como provenientes de la misma verdad; y, si venía de algún lugar alguien que había sido seguidor de los presbíteros, yo lo interrogaba sobre sus palabras, sobre lo que dijeron Andrés y Pedro y Felipe y Tomás y Santiago y Juan y Mateo y otros discípulos del Señor y sobre lo que entonces decían Aristión y el presbítero Juan, discípulos del Señor. En definitiva, no creo que las noticias de los libros me hubieran sido útiles porque me llegaran de una voz viva y firme». También por dicha *Historia* se sabe que Papías había compuesto cinco obras tituladas en su conjunto *Exégesis de los discursos del Señor*, trabajos dedicados al análisis del Nuevo Testamento y útiles, como se ha dicho, para la datación de algunos libros del Nuevo Testamento. En resumen, Papías, en los últimos años del siglo I y las primeras décadas del II, tiempo en que murieron no solo los que habían sido seguidores directos de Jesús, sino también sus sucesores inmediatos, reunió los testimonios originales sobre Cristo de esos primeros discípulos transmitidos por ellos mismos a sus herederos espirituales. El padre apostólico Papías fue, en el tiempo, uno de los primeros en esa sucesión de testimonios concatenados que se califica con la expresión *tradición oral de la Iglesia*. La primera cita de su persona es de Ireneo de Lyon (ca. 30 - 202), quien atribuye a ese obispo la cita de algunas palabras de Cristo con las cuales el Salvador habría explicado a los discípulos la extraordinaria fertilidad de las vides tras la consecución del Reino de Dios.

Del primer canon católico queda en la Biblioteca Ambrosiana una copia tardía, escrita en el siglo VIII, a la que se llama Canon Muratoriano por haber sido redescubierta por el historiador Muratori en la misma biblioteca en 1740. La datación del original entre el año 160 y el 180 es sin embargo cierta, porque se habla, aunque para considerarlo como no canónico, del libro *El pastor*, diciendo que lo escribió Hermas *poco tiempo antes*, cuando era papa su hermano Pío I: es decir, entre los años 142-155. En el documento no figuran, por ser entonces controvertidos, algunos libros menores que solo serían incluidos en 367 en Oriente y en 382 en Occidente:

Son en concreto las Epístolas II y III de Juan, la Epístola II de Pedro, la Epístola de Santiago, la Epístola de Judas (no Iscariote, evidentemente). El Apocalipsis de Juan, aunque considerado favorablemente en el Canon Muratoriano, será de nuevo discutido debido a su aceptación como obra de importancia primordial por herejes y solo en el siglo IV volverá a entrar en el canon junto a los demás libros discutidos.

También se ha mencionado ya otra lista neotestamentaria análoga al Canon Muratoriano, compuesta por Ireneo, obispo de Lyon y legible en su obra contra las herejías, escrita en las últimas décadas del siglo II.

Lamentablemente, todas las ideas marcionitas solo nos han llegado a través de las refutaciones de escritores cristianos, principalmente Justino Mártir, Ireneo de Lyon, Tertuliano, Hipólito y Epifanio. Parece que en su libro *Antítesis* Marción exponía y comentaba, basándose en las letras de los textos en lugar de en la esencia de la Revelación en ellos contenida, contradicciones entre Antiguo y Nuevo Testamento. También por este motivo excluía la mayor parte del Nuevo de su canon. En cuanto al Antiguo, sencillamente lo rechazaba del todo, por estar inspirado por el para él maléfico Yahvé. Enseñaba, a partir de un principio dualista similar al de la religión iraní zoroástrica, que Yahvé, el Creador del Cosmos, era el dios cruel de la justicia despiadada y en ciertos casos arbitraria, el señor de todas las guerras por causa del mal de la materia, mientras que Cristo era el Dios bueno venido a salvar al hombre. Según los escritores eclesiásticos Tertuliano e Ireneo, Marción, a diferencia del zoroastrismo, consideraba a Yahvé un dios de rango menor con respecto al Dios Bueno, bastante similar al Demiurgo, pero no creado. También para él el alma (en el sentido de psique, no de ánima-espíritu-pneuma) de los seres humanos era mala y debía por ello sublimarse. No está claro si consideraba a Cristo, que no tiene necesidad de sublimación, como solo Espíritu, lo que equivaldría a decir desprovisto no solo de cuerpo, sino también de alma (psique) humana. Para Marción, los hebreos se habían mantenido en su mayor parte fieles a Yahvé y por eso habían sido inducidos a crucificar a Cristo. Debido a la Crucifixión, Yahvé había perdido y Cristo había triunfado. El Dios de Israel habría admitido entonces haber pecado y habría entregado al Dios Bueno todas las almas humanas, incluidas las de quienes habían muerto antes de la Crucifixión, pero que en vida habían obedecido al mismo Yahvé. Después de Cristo, las almas humanas podían alcanzar la Salvación eterna, ante todo teniendo fe en el evangelio de amor de Lucas (el modificado por Marción, se entiende). Por esta insistencia en el amor, por su invitación a la pureza de la vida y el no basarse, por lo que sabemos, en ritos mágicos, este hereje es considerad por algunos no totalmente gnóstico, a pesar de que su teosofía es claramente tal. Tal vez se podría decir que, en cuanto a la práctica de la vida que predica, está muy cerca del cristianismo, aunque está en sus antípodas en la consideración del matrimonio y la procreación como un mal y no un bien.

Marción es un claro ejemplo de dependencia del gnosticismo *cristiano* del cristianismo y no de lo contrario.

Tal vez también por los muchos e importantes puntos de contacto con el cristianismo, la iglesia marcionita sobrevivió mucho tiempo, difundiéndose sobre todo en Oriente: desapareció oficialmente solo en el siglo V.

Si Marción es el gnóstico *cristiano* que resulta más peligroso para la Iglesia, Valentín es el que atrae más escritos en su contra. Enseña en Alejandría hasta 135 y luego en Roma hasta el 160. Su doctrina es un conjunto sincrético de tradiciones judías, cristianismo, neoplatonismo y gnosis setiana. Ubica un principio masculino, el Abismo, y uno femenino, el Silencio, en el origen de todas las cosas; de su unión nacieron Mente y Verdad, que a su vez generaron Logos y Vida, de quienes nacen la Esencia eterna del hombre y la Iglesia. Luego se generaron 22 eones, que, con un grupo de ocho divinidades primordiales, las ogdoadas, crean el pléroma. Pero, en el confín del este surge, indeseada, la materia sin forma, el Achamoth, inmediatamente expulsada como el estiércol fuera del pléroma por alguno de sus agujeros. Por compasión, Mente y Voluntad generan nuevos eones, Cristo (masculino) y Espíritu Santo (femenino) destinados a enseñar a todos el respeto por Abismo el Supremo. De todos los eones juntos nace sobre la tierra en cambio Jesús, capaz de purificar la concupiscencia y hacerla materia fértil mediante la intervención de Cristo.

También la antropología de Valentín se funda sobre la contraposición entre espíritu y materia. Está convencido, como en general todos los gnósticos, de que la mayor parte de la humanidad está compuesta por individuos *materiales* (o *hilicios*) no salvables; sin embargo, es menos drástico con respecto a algunas categorías: para él, los cristianos comunes y los creyentes hebreos comunes, aunque no sean *espirituales* tampoco son *materiales*; son *psíquicos* y, con un notable esfuerzo, lo que significa para Valentín convertirse en gnósticos valentinianos, pueden esperar la Salvación, aunque sea de un grado inferior a la de los *espirituales*. Para Valentín, la historia es un proceso necesario, a través de la ética cristiana y la religión gnóstica, de progreso desde la materia y el paganismo hacia la liberación del *pneuma*. Este *espíritu* de lo gnóstico, exiliado del mundo, ha de pasar por el infierno de la materia, ascender al purgatorio de la moral para llegar por fin al paraíso espiritual. El hombre tiene un *alma* vegetativa, dotada de psique, y un *espíritu inmortal* unido a ella para poder educarse en la vida en la tierra y plasmado desde la purificación. Cristo, para transmitir su revelación gnóstica, consistente en particular en la conciencia de uno mismo, desciende sobre la tierra en Jesús inmediatamente después de su bautismo. Jesús salva a la humanidad con su resurrección, pero su cuerpo es desde el principio de naturaleza espiritual, no de carne, y por tanto la resurrección consiste esencialmente en la ascensión, sin la muerte física. Cuando los pneumáticos, además de aquellos psíquicos que lo puedan hacer, hayan recibido la verdadera gnosis, conociendo así completamente lo divino que hay en su interior, el mundo se detendrá en ese estado óptimo. El Hombre Pneumático llegará a las puertas del pléroma. Entonces Cristo y Sabiduría entrarán en la cámara nupcial seguidos por los gnósticos, cada uno con su propio ángel protector individual y cada uno, como Cristo con Sabiduría, será el esposo de su ángel: los gnósticos llevarán así a cabo en el pléroma la unión completa del Yo y el Él ontológico. Valentín, o tal vez uno de sus discípulos, escribe también un evangelio (es decir, una buena nueva) en griego como los canónicos, al que llama *Evangelio de la Verdad*, que fue redescubierto, en traducción copta, en Nag Hammadi.

La escuela valentiniana se divide en dos vías, la oriental en Alejandría y la occidental en Roma y en la Galia. Discípulos de la primera son un tal Teodoto, de quien no se sabe nada, y Marcos el Mago; de la segunda se sabe algo más: revisa la doctrina del maestro mediante numerología y favorece prácticas de culto sobre la base de sacramentos cristianos revisados en clave gnóstica. Los principales alumnos que siguen la vía llamada occidental son Heraklion, que escribe el primer comentario gnóstico del Evangelio de Juan, y el más conocido Ptolomeo.

Para Ptolomeo, Cristo tiene, además del Espíritu, un cuerpo psíquico, no carnal, pero tampoco solo aparente por cuanto está dotado de alma (psique) humana real, por lo que los psíquicos, y no solo los espirituales, también pueden salvarse: según él, solo los materiales (hilicios) caen definitivamente en la nada. Por tanto, también para Ptolomeo, como para todos los gnósticos, la inmortalidad de los salvados por Cristo no es la cristiana de cuerpo y alma; que es exactamente, como veremos al hablar de Pablo, aquello que el apóstol de los gentiles define en la neotestamentaria Primera Epístola a los Corintios, como *un cuerpo animal psíquico trasformado en cuerpo espiritual glorioso*. Según Ptolomeo, Dos es Uno y se deben considerar inexistentes Abismo y Silencio, predicados por Valentín. El Demiurgo es bueno, aunque sea algo torpe, podríamos decir, incapaz de realizar, aunque con la mejor de las intenciones, el mundo que está en la mente del Uno. Lo ha hecho maligno por insensatez, no a propósito, un poco como ciertos pequeños que quieren a escondidas imitar a la madre en la cocina y montan un lío.

Por el contrario, no se pueden considerar en ningún caso cristianos a los barbelognósticos, también del siglo I-II, aunque el Padre de la Iglesia Ireneo los califique erróneamente como «herejes cristianos»: están entre los últimos gnósticos totalmente paganos.

Quien conozca al menos las bases del pensamiento cristiano y haya leído al menos los cuatro Evangelios canónicos habrá notado que hay una gran diferencia entre el credo cristiano y la fantasmagórica teosofía gnóstica. Los libros neotestamentarios son realistas, sencillos y claros, entre ellos solo es enteramente alegórico el Apocalipsis (o Revelación) y no es casualidad que durante siglos no se haya incluido en el canon: solo después de muchas dudas se reconoció sin condiciones que los conceptos expresados eran, aunque fuera bajo una forma fantástica, básicamente los mismos que los del evangelio de Juan y, aunque el estilo era distinto y, por tanto, el autor material de la obra sería otro, que ese libro debía venir de la propia iglesia de Juan en Éfeso y, por tanto, de la misma predicación del apóstol y obispo Juan.

Muchos evangelios apócrifos y, entre ellos, aquellos con aspectos gnósticos, presentan fantasías absurdas (aunque los enteramente gnósticos atribuidos a Felipe y Tomás-Dídimo son más sobrios), mientras que los autores de los evangelios neotestamentarios exponen mesuradamente vida, muerte y resurrección de Jesús; así, por ejemplo, en el apócrifo del pseudo-Mateo (bastante tardío, entre el siglo VII y el IX, una especie de recuperación de los apócrifos semignósticos *Protoevangelio de Juan* y *Evangelio de la infancia del pseudo-Tomás*, escritos en el siglo II) encontramos ídolos que cobran vida y, junto a fieras, se postran como perritos falderos delante de María y Jesús recién nacido, quien ya habla;[33] y en el evangelio semignóstico de Pedro, de la segunda mitad del siglo II, leemos acerca de la Cruz que salta ridículamente detrás de Jesús e incluso se pone a hablar.

Pero hoy en día y desde hace tiempo, tras el nacimiento y difusión de la moda New Age y luego, en general, en la difusión del gusto por todo lo que sea extraordinariamente emocionante y extraño, gustan mucho más los libros apócrifos, gnósticos o no.

---

[33] Hechos similares se Encuentra en la sura XIX del Corán. Tal vez el pseudo-Mateo, además de los dos apócrifos citados del siglo II, recibe influencias del propio Corán, también en torno al año 650, o bien podría haber sido, al contrario, el inspirador de esa sura, si se demostrara que la antigüedad de ese evangelio no fuera posterior al 650.

III - ¿VERSÍCULOS GNÓSTICOS EN EL NUEVO TESTAMENTO?

Es de un gran interés la cuestión de si el cristianismo tuvo origen en el gnosticismo o, al menos, si en alguna parte esencial ha dependido del mismo.

Para ver si hay una o más pruebas afirmativas, hay que acudir al Nuevo Testamento, que podría, en algunos puntos, favorecerlo y ver también si no hay en esos libros sagrados oficiales condenas de la gnosis mística. La doctrina que llamamos cristiana se expresa de hecho precisamente en la Biblia canónica neotestamentaria, en el sentido de que la Iglesia solo ha reconocido esos veintisiete libros como cristianos de hecho en la segunda mitad del siglo II y, oficialmente, aunque no aún a través de una proclamación conciliar ecuménica, desde el siglo IV y no ha reconocido como Palabra divina ningún otro texto, por muy antiguo que sea, que hable de Cristo: los primeros libros son llamados canónicos porque se consideran a la medida (canon) de la predicación oral de los apóstoles, considerada como inspirada por Dios.

No es posible excluir que los gnósticos, no limitándose a apropiarse desde fuera de conceptos cristianos, hayan entrado ya en la primera Iglesia y hayan permanecido en ella. Pero no se puede llegar a la conclusión automática de que la doctrina cristiana tenga solo o además una matriz gnóstica; de hecho, como se puede verificar mediante la lectura, a algunos cristianos del siglo I los autores neotestamentarios les reprochan en sus libros precisamente haber hecho prevalecer su pensamiento gnóstico por encima del cristiano.

He dicho que los apóstoles de Jesús más acreditados como gnósticos son, ante todo, Juan, y luego Felipe y Tomás. De estos últimos no nos ha llegado ningún texto canónico. Existen, como sabemos, los apócrifos, cuando menos de algunas décadas posteriores a la predicación apostólica, al contrario que los Libros neotestamentarios, compuestos aproximadamente entre el 50 y el 90 con testigos oculares y oyentes de Cristo todavía vivos; solo la Segunda Epístola de Pedro es un poco posterior, en torno al año 100, epístola que, evidentemente, no es del apóstol, muerto hacia el año 64, pero está escrita en el entorno de su iglesia y siguiendo su predicación. La posibilidad de que los evangelios llamados de

Tomás y Felipe fueran escritos antes del 110-130 está por demostrar y queda por probar el hecho de que hayan influido sobre algunos Libros neotestamentarios. No pasa lo mismo con la datación de los libros canónicos, suficientemente documentada, por lo que se ha escrito poco antes y, más en general, ha explicado el autor en otro ensayo, el varias veces citado *Jesús, nacido en el año 6 «antes de Cristo» y crucificado en el año 30*, localizable gratuitamente en italiano en formatos e-book, epub y PDF.

También Santiago, llamado el Menor, apóstol jefe de la iglesia de Jerusalén después de la partida de Pedro, ha sido propuesto como gnóstico; un apócrifo suyo de principios del siglo II, el llamado *Protoevangelio de Santiago*, tiene de hecho algunas notas de ese pensamiento; de hecho, a este Santiago el Menor se le considera el autor de una Epístola que forma parte del Nuevo Testamento.

Entre los discípulos de Jesús autores de Libros canónicos según la tradición y, por otro lado, considerados gnósticos, consideraremos por tanto al mismo Santiago y, sobre todo, a Juan, hermano del otro Santiago; pero antes expliquemos algo sobre los defensores de la matriz gnóstica del cristianismo o, mejor, de algunos de sus Libros.

Los alogi y Gayo de Roma

Se puede de paso recordar que en el siglo II nace, en la secta cristiana herética de los alogi, la opinión de que dos Libros atribuidos a Juan, el Evangelio y el Apocalipsis, fueron escritos por uno de sus adversarios, el gnóstico Cerinto.

Los alogi son un grupo del Asia Menor, de ideas que siguen siendo bastante oscuras, pero seguramente negadores de la teología joánica del Logos, es decir de la segunda Persona de Trinidad como Palabra-Razón que proyecta y crea el mundo y que, precisamente por esto, es llamada por el escritor eclesiástico Epifanio de los *a-logòi*: con ironía, por cuanto alogi (es decir alógicos) también se usa para los estúpidos. Se enfrentaron a otra iglesia herética, la de Montano, que tomaba el Apocalipsis al pie de la letra hasta el punto de pensar no solo que todo lo que está ahí descrito tiene que entenderse en sentido real, sino que está a punto de producirse, incluido el descendimiento del cielo de la Nueva Jerusalén (Apocalipsis 21:12), según los montanistas en Pepuza, una localidad de Frigia. Solo en el siglo III, con el nacimiento de la fundamental escuela exegética alegórica de Alejandría, queda claro para todos que el Apocalipsis y otros versículos del Nuevo Testamento, como, por ejemplo, en Mateo los que hablan de la estrella que guía a los Magos, se pueden entender tan simbólicamente como, asimismo y en general, el Antiguo Testamento.

Entretanto, la idea de los alogi llegó a Roma a finales del siglo II - principios del III, por medio de un sacerdote católico de nombre Gayo, o Cayo, también antimontanista, que la difundió. Pero sus afirmaciones fueron rechazadas por la Iglesia. Más delante, Dionisio, de la escuela de Alejandría, reitera que es falsa la atribución a Cerinto del Apocalipsis y el cuarto Evangelio. Por otro lado, a partir de la *Epístola* de Papías, obispo de Hierápolis (muerto entre el 130 y el 140), en la que se dice que, en su juventud, el mismo Papías en Éfeso había conocido a Juan el *presbítero* (el anciano), hace que surja ya hace mucho tiempo la idea de que los autores de esos dos Libros atribuidos a Juan sean distintos, Juan el apóstol además de obispo de Éfeso y un presbítero de igual nombre en la misma iglesia; de hecho, en Éfeso se recuerdan dos tumbas de Juan y además los estilos de los dos libros son bastante distintos. Dionisio de Alejandría subraya que el autor del docto cuarto Evangelio y de las Epístolas no podría haber escrito un texto, en su opinión, de formas tan bajas como el Apocalipsis.

Defensores contemporáneos del gnosticismo como fuente del cristianismo

Los principales teóricos en época contemporánea de la influencia del gnosticismo sobre Juan y en general sobre el cristianismo fueron, a lo largo del siglo XX, Bultmann, Bousset y Reitzenstein; en el siglo XIX, la idea ya fue expresada por el positivista Bauer.

Tengamos presente que, en los años de Juan, conceptos del platonismo llamado popular, que contemplan, según una opinión bastante difundida, un verdadero mundo invisible y eterno en comparación con el mundo aparente de aquí, llevaban mucho tiempo incorporados al judaísmo palestino, algunos incluso antes de la redacción de los últimos Libros canónicos veterotestamentarios de Eclesiástico y Sabiduría en el siglo II y el I a.C.

Oposiciones helenizantes entre espíritu y carne, verdadero pan celeste y pan común, se encuentran, por tanto, también en Juan, junto a aquellas entre alto y bajo, vida eterna y vida sobre la tierra, agua de vida eterna y agua común; pero se trata de una aportación cultural judía en general.

Por otro lado, ya en el libro veterotestamentario de Isaías, bastante más antiguo que Eclesiástico y Sabiduría, y más exactamente en Isaías partes 1 y 2,[34] se presenta una comparación entre carne y espíritu, entendida en sentido griego (31:3): «Los egipcios son hombres y no dioses, sus caballos son carne y no espíritu»; mientras que se entrevé una distinción entre el pan real y el pan de las enseñanzas divinas en 55:1-3: «¡Venid a tomar agua, todos los sedientos, y el que no tenga dinero, venga también! Comed gratuitamente vuestra ración de trigo, y sin pagar, tomad vino y leche. ¿Por qué gastáis dinero en algo que no alimenta y vuestras ganancias, en algo que no sacia? Hacedme caso, y comeréis buena comida, os deleitaréis con sabrosos manjares. Prestad atención y venid a mí, escuchad bien y viviréis. Yo haré con vosotros una alianza eterna, obra de mi inquebrantable amor a David».

Detengámonos en la tesis que Rudolf Bultmann expresó en su célebre ensayo *Primitive Christianity*, Meridian, Nueva York, 1957. Sabemos que este investigador era uno de los más importantes exponentes de la escuela mítica, que tenía precisamente el objetivo de desvelar mitos de la Sagrada escritura, escuela para la que el Jesús histórico no tenía nada que ver con el Cristo mítico de la fe. Se concentraba sobre todo en el Evangelio de Juan, teniendo presente la Primera Epístola de este. Ese Evangelio, como recordamos, había sido en el siglo II objeto de comentarios del gnóstico valentiniano Heraklion y para los alogi lo había escrito Cerinto. Según Bultmann, Juan había desmitificado y luego cristianizado una fuente gnóstica.

En su trabajo, este crítico pretende deshacer la trama de la obra del evangelista para reconstruir la antigua gnosis oriental que le habría inspirado, que Bultmann distingue de la más helenizada. Considera que el dualismo entre luz y tinieblas está presente en Juan y es de tipo gnóstico, aunque el evangelista no hable de los orígenes del mal. Por otro lado, señala que, como en la gnosis, en

---

[34] El libro se divide en tres partes, de autores y periodos distintos, pero quienes escriben después, Isaías 2 y 3, tienen en cuenta los versículos precedentes, por lo que el libro de Isaías es una composición organizada, no tres libros puestos solo formalmente bajo el nombre del primer autor, el verdadero Isaías nacido el 765 a.C.; por tanto, Isaías 1 se escribe en años del siglo VII a.C.; por el contrario, Isaías 2 se escribe en el periodo de la esclavitud babilónica, sufrida tras la conquista de Jerusalén por parte del rey Nabucodonosor II en el 587; Isaías 3, finalmente, se redacta tras el exilio, entre finales del siglo VI a.C. y el inicio del siglo V a.C., no mucho después del año 538 a.C., cuando el rey Ciro conquistó Babilonia y dejó que los hebreos deportados volvieran a su patria si así lo querían: no todos lo hicieron y quedó en Babilonia una importante comunidad judía libre.

la luz de Juan no está solo Dios, sino también otros seres espirituales, los ángeles. También admite que este gnosticismo de Juan no se basa en teorías de emanaciones, sino que deriva de judaísmo y, por tanto, para Bultmann, el dualismo de Juan queda a la sombra de la creencia veterotestamentaria del poder de Dios sobre el mal: la creación no es consecuencia de una lucha entre luz y tinieblas. Este historiador, teólogo y exégeta pretende reconstruir en particular, partiendo de Juan, un mito gnóstico que supone la existencia de un hombre primigenio no material, colmado de luz y bondad, que, hecho pedazos muy pequeños, se convierte en partículas de luz, las cuales, almas humanas, se diseminaron por el mundo de las tinieblas; luego los demonios les hicieron olvidar su origen celeste; entonces (Bultmann se refiere al gnosticismo de los mandeístas) Dios manda al Hijo encarnado a despertar estas almas, a liberarlas de sus cuerpos de la oscuridad para devolverlas a su patria celeste. El Hijo se proclama la Verdad y abre la salvación a las almas dándoles el verdadero conocimiento. Gracias a esta gnosis, las almas pueden luego volver a ascender a Dios. Para Bultmann, Cristo, en la historia, Jesús, no es otra cosa que el antiguo revelador y redentor de los protomandeístas. Cita en particular los versículos del Evangelio de Juan donde el Redentor-Logos-Razón se dice preexistente, es decir, el capítulo 1, versículos 1 y 14 en los que se indica que se convierte en carne y finalmente se prepara para subir a Dios Padre, capítulo 20, versículo 17; además, Bultmann destaca que Cristo es para Juan la luz del mundo, capítulo 1, versículo 9 y capítulo 8, versículo 12, y es el camino que conduce a Dios, capítulo 14, versículo 6. Según él, también la imagen de Juan del Paráclito-Espíritu Santo deriva del mito gnóstico: indica que a Jesús, en la Primera Epístola de Juan, en el capítulo 2, versículo 1, lo llama *paràkletos*, en el sentido de intercesor celeste ante al Padre. Para Bultmann, solo la tradición ha identificado al Paráclito con el Espíritu Santo, cuando se podría haber tratado de la misma figura salvífica del gnosticismo protomandeísta. Para Bultmann, se trata precisamente del Yawar, uno de los muchísimos protectores de la doctrina mandeísta.

Los mandeístas eran una secta baptista. Su gran revelador mítico se llamaba Manda da Hayye (Conocimiento de la Vida) y lo consideraban bautizado por Juan el Bautista. Habría huido de Israel y enseñado en Babilonia para no ser perseguido por todos, incluido Jesús: habría indicado un camino para alcanzar el mundo de la luz.

La teología mandeísta, cuando llega a su madurez en el siglo III-IV, es una mezcolanza sincretista de creencias hebreas, mitos gnósticos y cristianismo nestoriano y sirio. No hay por el momento documentos sobre un mandeísmo precedente, un protomandeísmo.

Bultmann ha recibido la acusación de tautológico, de dar vueltas, al imaginar que hubo un gnosticismo mandeísta en el siglo I como base para Juan y se aprovecha de este como fuente principal para reconstruirlo y en particular para demostrar que era ya contemporáneo al evangelista el mito del redentor llamado Hijo de Dios en los mandeístas de los siglos III-IV. El hecho es que sus únicas otras fuentes, aparte de Juan, son precisamente los escritos mandeístas posteriores a este y las *Odas de Salomón*, una recopilación de himnos semignósticos-cristianos de los cuales solo se tienen documentos en el siglo II, que Bultmann se limita a suponer, sin demostrarlo, que son copias de textos más antiguos. Las *Odas* tienen en efecto cierta relación con partes del prólogo del Evangelio de Juan, tanto por sus vocablos como por su estilo, pero la relación podría ser la contraria.

Muchos son los críticos de las tesis de Bultmann y de otros en su línea: entre los principales encontramos a Bünchen, Percy, Schweitzer, Braun, Quispel, Barret y Brown. El *Evangelio de la Verdad* del gnóstico Valentín ha sido comparado con el Evangelio de Juan por Quispel y Barret e, independientemente, por François-Marie Braun,[35] han encontrado las dos obras bastante alejadas, tanto con respecto al léxico como al pensamiento. Según Raymond E. Brown, también el evangelio gnóstico de Tomás descubierto en su momento en Chenoboskion y escrito en la primera mitad del siglo II, está lejano de Juan, aunque entonces Tomas fuera, como lo define el propio Brown, solo un gnóstico en estado incipiente: los términos de Juan los usa Tomás con sentidos completamente distintos; pero si, por mera hipótesis, hubiera dependencia, nunca podría ser lo contrario, dado que el Evangelio de Juan se escribe antes, hacia el año 90. No podemos dejar de decir que hay quien conjetura que el evangelio según Tomás pueda ser contemporáneo, pero queda el hecho esencial de tener un punto de vista muy distinto.

Vamos directamente con los Libros de Juan.

---

35 F.M. Braun es el autor de *Jean le Théologien*, París, J. Gabalda, 3 tomos, I, 1952, II 1964, III 1966.

Los libros de Juan y las escuelas apostólicas

Según la tradición de la fe, el apóstol Juan es el autor bíblico del cuarto Evangelio, de tres Epístolas y del Apocalipsis. Sabemos que estos textos no tienen todos el mismo estilo, por lo que históricamente se ha pensado que son de distintos autores; para el propio Evangelio de Juan, según Marie-Émile Boismard, de la católica Escuela Bíblica de Jerusalén, los autores habrían sido tres, de los cuales el segundo habría escrito las dos reanudaciones sucesivas.[36] Si desde un punto de vista tradicional es de fe que Juan autor es uno solo, en lo exegético es necesario distinguir.

No coinciden en todo el punto de vista católico y el protestante:

Según gran parte de los exégetas protestantes contemporáneos, podría ser Juan el presbítero, del que había escrito Papías, como sabemos, el artífice no solo del Apocalipsis, sino también de las Epístolas Segunda y Tercera de Juan; ese autor, para algunos de esos exégetas, podría coincidir con el Juan Marcos seguidor de Pablo y de Bernabé, citado en los Hechos de los Apóstoles.[37]

En el entorno católico, hay quien considera que los estilos del Evangelio y de la Primera Epístola de Juan son bastante similares y que ambos libros son del apóstol, o al menos del mismo escritor, mientras que hay opiniones divergentes con respecto a las otras dos Epístolas de Juan y el Apocalipsis. En todo caso, lo que cuenta esencialmente en el catolicismo, a diferencia del protestantismo que se basa solo en los Libros y no en la Tradición apostólica, es que los citados Libros emanan de la iglesia dirigida por Juan en Asia Menor y nos traen de este apóstol, testigo ocular de Cristo, su experiencia vital y su predicación evangélica: la idea de una escuela juánica contempla, según los testimonios antiguos del obispo Papías, que el apóstol Juan hubiera tenido a su alrededor un grupo de discípulos-presbíteros, que, a partir de su predicación escribieron los diversos libros a él atribuidos, o diversas partes de estos, mientras que algunos textos podrían ser, al menos en su base y tal vez (aunque de esto no hay pruebas) en un primero dictado en

36 Marie-Émile Boismard, *All'alba del cristianesimo. Prima* della *nascita dei dogmi*, Casalee Monferrato, Piemme, 2000, traducción de Simone Venturini; texto original: *À l'aube di christianisme. Avant la naissance des dogmes*, París, Cerf 1998.

37 Por el contrario, hay quien supone, en otros entornos exegéticos, que el mencionado Juan Marcos, en cierto momento, habría seguido a Pedro a Roma como su secretario y aquí habría escrito el Evangelio llamado sencillamente de Marcos. A este respecto, no se va más allá de la mera hipótesis, al no tener documentación, al menos con respecto a lo que se sabe del escritor.

arameo y luego perdido, del propio apóstol: así se explicarían, para la exégesis católica, cosas como los distintos estilos, el hecho de que el cuarto Evangelio tenga dos finales y el distinto nivel teológico, no solo de los diversos textos, sino, en ciertos caso, de partes de un mismo libro.

Este concepto en el catolicismo es esencial y se aplica a todo el Nuevo Testamento: también los demás Libros neotestamentarios se ven como fruto de escuelas apostólicas:

> *La escuela de Pablo:* además de las Epístolas indudablemente suyas, otras no atribuibles personalmente a él por razones cronológicas, el Evangelio de su secretario Lucas y los Hechos de los Apóstoles, del mismo; la Epístola a los Hebreos, a su vez tampoco de Pablo, por ser posterior a su muerte, pero tal vez de un discípulo suyo: sin duda recuerda su pensamiento; para el historiador católico August Franzen, el redactor sería un cristiano del entorno alejandrino y testigo directo de la Resurrección.
> *La escuela de Mateo*: el Evangelio en griego que lleva su nombre, escrito por un discípulo suyo hebreo, que se dirige a judeocristianos de Siria, en torno al año 80; según la tradición (Papías), el apóstol Mateo habría escrito primero un evangelio en arameo o en hebreo («en la lengua de los judíos»), perdido desde hace mucho tiempo.
> *La escuela de Pedro*: el Evangelio de su discípulo Marcos y las dos Epístolas atribuidas al apóstol, pero, al menos la segunda, por un miembro de su iglesia romana.
> *La escuela de Judas:* tal vez hermano de Santiago el Menor, que asiste también, junto a los otros parientes de Jesús, a la resurrección del propio Cristo.
> En cuanto a la Epístola de *Santiago el Menor*, podría ser, aunque no hay pruebas, que fuera directamente del apóstol, por ser anterior a su muerte en el año 62.

Estoy entre los que aceptan esta idea de las escuelas. Me parece la menos alejada de la objetividad, aun estado en un plano de *fides*, confianza-fe; pero no solo de una fe intuitiva en Cristo resucitado. Se trata de la fe-confianza en que la Iglesia del siglo II haya elegido bien los libros canónicos neotestamentarios, verificando suficientemente que emanaban de iglesias fundadas por apóstoles-testigos oculares de Jesús resucitado.

> Las iglesias emanaban de los apóstoles *oficiales*, es decir, los 11 (tras la desaparición de Judas Iscariote a lo largo de la Pasión) más un duodécimo, Matías, que, de acuerdo con lo que leemos en el libro neotestamentario de los Hechos de los Apóstoles, fue nombrado por los otros once en lugar del traidor, de entre los testigos de la

Resurrección; también derivaban del trigésimo apóstol, Pablo y, siendo como él testigo de Jesús resucitado, de Judas, hermano de Santiago.

Si un libro sobre Cristo no se basa en un testigo de la Resurrección, su autor no tiene autoridad. Me parece que la idea protestante de la Palabra de Dios presente en la sola Escritura está desligada de la Tradición apostólica, es decir, de la predicación oral originaria de la Palabra, que hace que la fe cristiana no tenga el más mínimo valor histórico, no más que cualquier otra, y se convierta en algo subjetivamente intuitivo; sin negar por otro lado que también para el cristianismo la fe es un don de Dios, este, sin embargo, como se ha creído desde los primeros siglos, quiere que el hombre use la razón para buscarlo, con la libertad que le ha dado, antes de concederle dicho don. Eso no puede contemplarse en el cristianismo reformado de Lutero y Calvino, para quienes no hay libertad, sino predestinación.

Seguramente Juan conoce bien el pensamiento fundamental filosófico griego, sobre todo en el Evangelio y en la Primera Epístola: no es casualidad que sea especialmente este el Juan que Bultmann y otros definen como gnóstico. Pero ya hemos advertido que hay que tener además en cuenta que el evangelista recoge conceptos del judaísmo palestino que comprenden desde hace tiempo aspectos del platonismo popular y, hay que añadir, del estoicismo, sobre todo en el uso de la palabra *Logos*, a su vez término no reservado solo a los expertos del pensamiento estoico, sino entonces de amplio dominio. Pero, como veremos, Juan los utiliza en un sentido distinto al de los estoicos.

En suma, se dirige a lectores no ayunos de cultura griega, pero expresando la tradición hebrea.

¿Pero tal vez está influido por el dualismo del pensamiento judío esenio?

Dualismo esenio y dualismo joánico: El cuarto Evangelio, las Epístolas, el Apocalipsis:

... el cuarto Evangelio...

En el dualismo atenuado esenio se ha visto, por parte de Brown, Braun y Kuhn, un fuerte paralelismo con cierto dualismo que se puede encontrar en Juan.

Para los esenios de Qumrán, Dios ha creado dos principios. Los llamamos el principio de la luz, o espíritu santo o espíritu de verdad, y el ángel, el príncipe de las tinieblas o espíritu de perversión. Estos luchan todo el tiempo por dominar a los seres humanos hasta el Día del Odio, en el que el segundo será derrotado.

En Juan, Jesús nace en el mundo como una luz que vence a las tinieblas, es la verdad y tras la crucifixión su lucha sigue adelante a través del Espíritu de verdad o Espíritu Santo (el Paráclito); pero con la muerte y resurrección de Cristo el pecado (el príncipe del mundo, Satanás) es derrotado definitivamente, no habrá que esperar al fin de los tiempos: desde ese momento en adelante ya no puede vencer: aunque continúe tentando a los hombres, la luz ya es por siempre victoriosa. Hay efectivamente una entonación dualista también en Juan y varias de sus palabras y expresiones son comunes a las de los rollos de Qumrán, aunque ya hemos visto que se trata de expresiones que no son solo esenias. Según Khun, las raíces comunes de los dos dualismos están en el zoroastrismo zurbánico, aunque en este el dualismo está mitigado. Para Brown, podría tener razón, para él no hay una analogía tan estrecha entre Qumrán y Juan que pueda hacer pensar en una dependencia directa de los escritos joánicos con los textos esenios; se puede considerar que Juan conocía un pensamiento y un lenguaje que también aparece en los rollos, incluso por las palabras menos usuales, no necesariamente propiedad exclusiva de la secta de Qumrán; en todo caso, para los esenios espíritu de verdad y espíritu de la luz (santo) son el mismo sujeto angélico y para Juan se trata de dos mediadores distintos de la Salvación y Juan es un autor cristiano que tiene como central la persona de Jesús, mientras que los esenios ponen en el centro la Ley. El amor entre esenios viene acompañado por el odio a todos los demás. Juan ordena, sí, amar al prójimo («[Vosotros discípulos] amaos los unos a los otros como yo [Jesús] os he amado»), mientras que en los otros Evangelios se habla de amor a todos los hombres, pero, de hecho, amar a todos quiere decir a quienes nos encontremos directamente o conozcamos indirectamente, considerar a estos como hermanos, sin exclusiones, no a las personas de quienes no se conozca su existencia y Juan no predica de hecho el odio esenio. Es el pecado en sí, las tinieblas, lo que hay que odiar.

El Evangelio según Juan, que sabemos que se compuso en torno al año 90 en Asia Menor, en Éfeso según la tradición, después de solo unas pocas décadas ya está difundido en tierras lejanas, como Egipto, donde se encontraría en sus arenas en 1920 una copia datada en torno al año 125: el papiro P52, llamado Rylands, por estar conservado en esta biblioteca de Manchester.

Juan ignora términos usuales en los demás evangelistas, por ejemplo, no habla nunca de evangelio, del griego antiguo *evanghélion* (εὐαγγέλιον), traducido al latín como *evangelium* = buena o bella nueva, e introduce palabras nuevas, como la palabra *señales* en lugar de *milagros*. Conoce muy bien cómo eran Judea y Jerusalén antes de las devastaciones y destrucciones romanas y de la consiguiente diáspora definitiva hebrea, nos habla del templo y de la liturgia anterior a la destrucción del mismo, nos informa del pavimento (litostroto) del pretorio romano y de los arcos de los pórticos de la piscina de Betesdá de la que se había perdido el recuerdo después de que Jerusalén fuera arrasada en el año 70 y que se recuperaron solo en el siglo XX después de excavaciones arqueológicas. Encontramos muchos vocablos arameos-hebreos, a veces solos, a veces junto a su traducción al griego, como cuando el autor habla del litostroto y precisa inmediatamente después que entre los hebreos se llama *gábata*.

Este Juan es un teólogo de gran profundidad.

En el prólogo de su Evangelio (Bultmann insistía precisamente en el prólogo), a la segunda Persona de la Trinidad se la llama Logos: Verbo, Palabra, Razón y también Proyecto.

El espléndido prólogo de Juan (capítulo 1, versículos 1 a 18) merece ser leído en su integridad.

Pero antes advirtamos que, para no equivocarnos, el Juan citado por el autor no es él, sino Juan el Bautista. Precisamente para evitar que los destinatarios se confundan, en todo este Evangelio el apóstol nunca es llamado por su nombre, sino definido como *el discípulo al que Jesús amaba*, reservando el nombre propio solo a Juan el Bautista. El autor precisa en el prólogo que el Mesías-la luz es Jesús y no el Bautista. La aclaración es necesaria por cuanto todavía había seguidores del segundo en el tiempo en que escribe el autor del cuarto Evangelio, los cuales distinguían entre Mesías-Juan y Dios-Jesús o que, incluso, solo creen en la predicación del Bautista. He aquí el prólogo:

Al principio existía el Logos,
y el Logos estaba junto a Dios,
y el Logos era Dios.
Al principio estaba junto a Dios.
Todas las cosas fueron hechas por medio del Logos
y sin él no se hizo nada de todo lo que existe.
En él estaba la vida,
y la vida era la luz de los hombres.
La luz brilla en las tinieblas,
y las tinieblas no la percibieron.
Apareció un hombre enviado por Dios,
que se llamaba Juan.
Vino como testigo,
para dar testimonio de la luz,
para que todos creyeran por medio de él.
Él no era luz,
sino el testigo de la luz.
Del mundo venía la luz verdadera
que, al venir a este mundo,
ilumina a todo hombre.
Ella estaba en el mundo,
y el mundo fue hecho por medio de ella,
y el mundo no la conoció.
Vino a los suyos,
y los suyos no la recibieron.
Pero a todos los que la recibieron,
a los que creen en su Nombre,
les dio el poder de llegar a ser hijos de Dios.
Ellos no nacieron de la sangre,
ni por obra de la carne,
ni de la voluntad del hombre,
sino que fueron engendrados por Dios.
Y el Logos se hizo carne
y habitó entre nosotros.
Y nosotros hemos visto su gloria,
la gloria que recibe del Padre como Hijo único,
lleno de gracia y de verdad.
Juan da testimonio de él,
al declarar: «Este es aquel del que yo dije:
El que viene después de mí me ha precedido,
porque existía antes que yo».
De su plenitud,
todos nosotros hemos participado

y hemos recibido gracia sobre gracia:
porque la Ley fue dada por medio de Moisés,
pero la gracia y la verdad nos han llegado por Jesucristo.
Nadie ha visto jamás a Dios;
el que lo ha revelado es el Hijo único,
que está en el seno del Padre.

El Logos es un concepto importantísimo en el pensamiento griego. Por ejemplo, era esencial para Zenón de Citio, nacido en torno al 336 a.C., cuya doctrina del conocimiento tenía precisamente como eje el Logos, incluyendo en la lógica tanto la retórica como la dialéctica: según él, tanto las reglas teóricas del razonamiento como las construcciones lingüísticas que permiten expresar bien los pensamientos deben estar conformes con el Logos, significando el Logos tanto Discurso como Razón. Su seguidor Cleantes, poeta y filosofo estoico nacido en torno al 330 a.C., había usado la palabra Logos para indicar la razón seminal del universo: mientras que para el fundador de su escuela Zenón el conocimiento consistía esencialmente en el ejercicio interior del pensamiento, es decir, en una introspección dirigida al conocimiento profundo del propio yo para acordar el pensamiento de uno con la propia vida; para Cleantes el conocimiento debía comprender también las estructuras objetivas inmutables de la realidad externa al hombre, por cuanto el Logos suscitante del pensamiento humano racional es el mismo sobre el que se fundamenta el mundo entero. No obstante, antes de Zenón y Cleantes ya había hablado del Logos el presocrático Heráclito de Éfeso, nacido hacia el 535 a.C.: aunque su filosofía sea bastante difícil de entender debido a un cansino estilo solemne y lo fragmentario y escaso de la obra que le ha sobrevivido, se comprende que él entiende el Logos como principio sumo de lo existente; escribía: «No escuchándome a mí, sino al Logos, es sabio intuir que todo es Uno y que lo Uno es todo»; en un fragmento así aparece un Heráclito que no considera esencial su pensamiento independiente, sino que considera que él mismo, para comprender el mundo, debe ponerse a oír al Logos, por cuanto gracias al mismo el mundo está ordenado por leyes comprensibles por la mente humana racional. Su parecer habría influido en Platón y a continuación en el estoicismo.

Sin embargo, aunque el Logos tenga un gran peso en la filosofía griega, los conceptos relacionados no coinciden con la idea de Logos del cuarto Evangelio. Para Heráclito, el logos hace de la materia informe un *kosmos* ordenado, pero no es Dios. Para los estoicos el logos era la mente de un dios semipanteísta que penetraba en las cosas y las controlaba y guiaba con su presencia, pero no el Dios-Creador-Ordenador omnipotente. Es precisamente al Antiguo Testamento al que debemos referirnos. Encontramos de hecho en Juan una referencia exacta a los primeros versículos del Génesis, capítulo 1, versículo 1 y siguientes, en los que Dios para crear «dijo», es decir, en los que Dios crea con su Palabra-Logos: «Al principio Dios creó el cielo y la tierra. La tierra era algo informe y vacío, las tinieblas cubrían el abismo, y el soplo de Dios se cernía sobre las aguas. Entonces Dios dijo: "Que exista la luz". Y la luz existió. Dios vio que la luz era buena, y separó la luz de las tinieblas; y llamó Día a la luz y Noche a las tinieblas. Así hubo una tarde y una mañana: este fue el primer día. Dios dijo: "Que haya un firmamento en medio de las aguas, para que establezca una separación entre ellas"» y así continúa: Dios «dijo», «dijo»...

> Por cierto, advirtamos con W. F. Albright[38] que el concepto de la palabra creativa de Dios no se encuentra solo entre los hebreos, sino en general en Medio Oriente desde el III milenio a.C.

Hay que añadir que, aunque el mundo judío no personificaba de modo estrictamente teológico la palabra divina, en la mentalidad hebrea una vez pronunciada una palabra, esta tenía una existencia propia; hay pasajes en los que la palabra de Dios tiene funciones autónomas que suenan como una personificación de la misma, ver, por ejemplo, Isaías, capítulo 55, versículo 11: «así sucede con la palabra que sale de mi boca: ella no vuelve a mí estéril, sino que realiza todo lo que yo quiero y cumple la misión que yo le encomendé». Además, la palabra de Dios se encuentra en salmos del Antiguo Testamento como algo que se crea y que es luz para los hebreos y tiene el poder de curar a la gente: «La palabra del Señor hizo el cielo, y el aliento de su boca, los ejércitos celestiales» (salmo 33, versículo 6); «envió su palabra y los sanó, salvó sus vidas del sepulcro» (salmo 107, versículo 20). También

---

38 El arqueólogo y lingüista estadounidense William Foxwell Albright fue un metodista creyente y un profundo estudioso de la Biblia además de un evangelizador sobre el terreno. Gracias a su profunda cultura orientalista escribe obras fundamentales sobre todo el antiguo Oriente. Entre otras cosas, confirmó la autenticidad de los rollos del mar Muerto. Entre sus textos arqueológicos sobre Palestina muchas veces reimpresos encontramos: *Archaeology and the Religion of Israel (Otl) (The Old Testament Library)*, 2006, Westminster John Knox Press": https://www.amazon.com/Archaeology-Religion-Israel-Testament-Library/dp/0664227422 - *From the Stone Age to Christianity - Monotheism and the Historical Process*, 2007, Read Books: https://www.amazon.es/Stone-Age-Christianity-Monotheism-Historical/dp/1592443397 - *The Archaeology of Palestine and the Bible*, 2009, Gorgias Press: https://www.amazon.es/Archaeology-Palestine-Gorgias-Archaeological-Reprints/dp/1593336659.

en el Deuteronomio la palabra es algo que da vida: es Moisés quien dice: «Prestad atención a todas las palabras de esta Ley, con las que hoy atestiguo contra vosotros. Prescribídselas a vuestros hijos, para que ellos practiquen cuidadosamente todas las palabras de esta Ley. Porque esta no es una palabra vana, sino que es vuestra vida, y por ella viviréis muchos años en la tierra que vais a poseer después cruzar el Jordán» (Deuteronomio, capítulo 32, versículos 46 y 47).

Se ha dicho que en Isaías, capítulo 55, la palabra de Dios está como personificada; el mismo capítulo es el trasfondo delante del cual se desarrolla el discurso de Juan sobre el pan de vida; es Jesús quien habla: «Yo soy el pan de Vida. Vuestros padres, en el desierto, comieron el maná y murieron. Pero este es el pan que desciende del cielo, para que aquel que lo coma no muera. Yo soy el pan vivo bajado del cielo. El que coma de este pan vivirá eternamente, y el pan que yo daré es mi carne para la Vida del mundo» (Juan, capítulo 6, versículos 48 a 51).

El prólogo de Juan aúna tendencias provenientes de la literatura profética y de la sapiencial del Antiguo Testamento.

> Por ejemplo, en Sabiduría, libro veterotestamentario en el que la fe de Israel se compara de modo particular con la cultura helénica más de un siglo antes de Juan, se leen estos versículos: «tu Palabra omnipotente se lanzó desde el cielo, desde el trono real, como un guerrero implacable, en medio del país condenado al exterminio. Empuñando como una espada afilada tu decreto irrevocable, se detuvo y sembró la muerte por todas partes: a la vez que tocaba el cielo, avanzaba sobre la tierra» (capítulo 18, versículos 15 y 16); igualmente en Sabiduría: «Dios de los Padres y Señor misericordioso, que hiciste todas las cosas con tu palabra, y con tu Sabiduría formaste al hombre, para que dominara a los seres que tú creaste» (capítulo 9, versículos 1 y 2).

Por tanto, el Logos de Juan no está estrechamente ligado a la cultura griega.

Pero la palabra logos se encuentra más de 1200 veces también en el filósofo e historiador hebreo helenizado Filón de Alejandría, contemporáneo de Jesús, que la usa en su intento de armonizar el pensamiento hebreo con el griego. Por tanto, ¿se podría pensar en una dependencia de él por parte de Juan? No para el profundo estudioso de Juan, Raymond E. Brown. El sentido que le da Filón es distinto: el logos no es preexistente, sino creado por Dios, es el intermediario con las criaturas de Dios, que da orden a las cosas;

pero, como mucho, es algo inferior a un dios, no Dios mismo y no está ligado a la vida. El pensamiento de Filón puede ser sencillamente una desembocadura de una larga historia, igual que para Juan: ambos adquieren de la literatura sapiencial del Antiguo Testamento el concepto de logos, usan imágenes bíblicas comunes, como la escalera de Jacob, la serpiente de bronce o la visión de Abraham, pero son muy distintos en cuanto al logos.

En la literatura de los herméticos, que se forma en Egipto estando ya vivo el cristianismo, en los siglos II y III, encontramos el logos como expresión de la mente de Dios, su pensamiento, es decir, lo que crea y ordena el mundo. Esta idea podría ser independiente, al tratarse de una doctrina sincrética derivada de la filosofía platónica y estoica y de tradiciones religiosas del Medio Oriente o bien, en todo caso y no inverosímilmente, depender de Juan y no al contrario, por obvias razones cronológicas. En cuando a presuntas etapas preherméticas y una supuesta influencia sobre Juan, quien la ha propuesto no ha encontrado pruebas; aun así, para Braun hay indicios de que algunos de los autores herméticos habían conocido el cristianismo e incluso escrito contra el mismo. Juan está bastante más cerca del Antiguo Testamento que de los textos de los herméticos. Términos religiosos que son esenciales en los herméticos, por ejemplo, demiurgo (*demiourgos*), gnosis, inmortalidad (*atanasia*), no coinciden en Juan. Como lenguaje en general, Juan está más próximo a las Escrituras antiguas que a los herméticos.[39] Lo mismo se dice con respecto a la liturgia mandeística del siglo III, ya citada al hablar de Bultmann, que usa entre sus expresiones «la palabra (logos) de la vida», un eco lejano que se puede considerar, salvo prueba en contrario, del pensamiento cristiano e igualmente del sincrético. Siempre en el gnosticismo, en el muchas veces citado *Evangelio de la Verdad*, el Logos, la Palabra, se repite con un significado cristiano; por ejemplo: «la Palabra que viene del pléroma que no está en el pensamiento ni en la mente de Padre, la Palabra a la que se llama el Salvador», pero sabemos que esta obra no solo es muy posterior a Juan, sino que emana del gnosticismo *cristiano* que conocía libros que luego se incorporarían al Nuevo Testamento.

Los escritos mandeístas y de otras expresiones gnósticas y textos herméticos, aun tratando de conceder al máximo, no son una parte importante en el marco del cuarto Evangelio.[40]

---

[39] G. D. Kirkpatrick.
[40] R. E. Brown.

¿Quiénes son los destinatarios del Evangelio de Juan? Para Rudolf Bultmann, se trata de gentiles griegos y exactamente del entorno refinado gnóstico-hermético del Asia Menor, donde precisamente se escribe este Evangelio. Sin embargo, hay aquí presentes en el siglo I también amplias comunidades hebreas. Tres veces en el Evangelio según Juan (capítulo 9, versículo 22; capítulo 12, versículo 42; capítulo 16, versículo 2) se encuentra la expresión «expulsado de la sinagoga», *aposynagogós*, algo que acababa de pasarles a los judeocristianos, todos excomulgados por el jefe rabínico Gamaliel el Joven y los suyos durante el concilio hebreo de Iavnia (o Jabné): es uno de los motivos por los que en los escritos de la escuela de Juan encontramos una polémica violenta contra los jefes hebreos, llamados convencionalmente los *Judíos*, hasta el punto de llamarlos *sinagoga de Satanás* en el Apocalipsis; tendría poco sentido si los destinatarios del Libro fueran unos gnósticos griegos y unos judeocristianos excomulgados por el hebraísmo, contra su intención, igual que el mismo autor.

> Tengamos siempre presente que la polémica de Juan es siempre y solo contra los jefes judíos y que solo a ellos se refiere escribiendo «los Judíos» y no se trata solo de los jefes hebreos miembros de la asamblea de Iamnia (o Jabné) dirigidos por Gamaliel el Joven, grupo que había asumido la dirección de los israelitas dispersos después del año 70, es decir, después de la destrucción del templo de Jerusalén, la devastación de la ciudad por parte romana y la consiguiente diáspora, jefes que, cuando él escribía, hacía poco que habían condenado a los hebreos cristianos, sino que se trata también, incluso principalmente, de los anteriores jefes de Israel, los miembros del sanedrín y del templo con Caifás y Anás a la cabeza, que habían querido y propiciado la muerte de Cristo a través de Poncio Pilatos: su aversión no es nunca hacia todo el pueblo hebreo, como por el contrario y lamentablemente se supuso en la Iglesia durante mucho tiempo hasta el papa Juan XXIII y el concilio ecuménico Vaticano II con sus profundizaciones neotestamentarias.

Las palabras y símbolos usados por Juan, como hemos indicado, no son solo gnósticos, sino que son metáforas universales: luz, tinieblas, verdad, vida…; nada indica que con luz y con verdad Juan se refiera a la iluminación mística a la que tendían los gnósticos. Más bien está claro que la verdad coincide con la revelación traída por Cristo, no en el ente Verdad absoluto, es decir, se corresponde con ese poco que Dios ha querido que esté accesible a los seres humanos, que estos conozcan y practiquen siguiendo el ejemplo de Jesús para alcanzar la Salvación eterna por la Gracia del amor y no por la gnosis; y es evidente que la luz es la divinidad de Cristo. Jesús, en el texto griego original, en el capítulo 10, versículo 11, se define como el pastor *bello*, *kalòs*, bello en muchos sentidos, normalmente traducido como *buen pastor*: *kalòs* indica, según los expertos en griego clásico, una persona noble, de buen aspecto y capaz de hacer cosas importantes. Se ha afirmado que esto testimoniaría una visión de tipo platónico, pero el hecho es que también en la cultura hebrea están unidas en un punto único todas las cualidades positivas, la bondad, la belleza, la justicia, la nobleza, siendo más precisamente atributos del único Dios. Están presentes en el Evangelio de Juan, no solo muchas alusiones a las Escrituras canónicas antiguas, sino asimismo veintiuna citas bíblicas precisas. Advirtamos que el versículo 14 del capítulo 1, «y habitó entre nosotros», relativo a la Encarnación de la segunda Persona de la Trinidad divina, podría haberse traducido más al pie de la letra, desde «*eskênôsen*», «puso su tienda entre nosotros», expresión típica de la cultura hebrea y recuerdo de la tienda donde estaba custodiada el Arca de la Alianza antes de la construcción del templo salomónico, además la tienda presente en el vacío segundo templo, construcción que luego fue ampliada y muy embellecida por orden de Herodes el Grande, pero en la que permanecían ciertas señales en recuerdo de esa tienda sagrada. La *Rûah* hebrea, Aire, Soplo, Viento, se recuerdan cuando en su Evangelio, hablando del Pneuma, del Espíritu Santo, lo presenta mientras sopla, hasta el punto de que, según afirman los exégetas expertos en griego antiguo, debido al contexto, la traducción española correcta sería «Viento»: «El viento (pneuma) sopla donde quiere: tú oyes su voz, pero no sabes de dónde viene ni a dónde va. Lo mismo sucede con todo el que ha nacido del Espíritu» (Juan, capítulo 3, versículo 8). El viento no es el impasible Pneuma esencial griego, sino el Ser-Vida que vuela por el mundo por él creado y en el Génesis sopla (él mismo, la Vida) en Adán dándole existencia y haciéndolo similar a él en cuanto a la razón. En Juan, capítulo 20, versículos del 19 al 23, Cristo resucitado sopla su Espíritu divino sobre los apóstoles:

> «Al atardecer de ese mismo día, el primero de la semana, estando cerradas las puertas del lugar donde se encontraban los discípulos, por temor a los judíos, llegó Jesús y poniéndose en medio de ellos, les dijo: "¡La paz esté con vosotros!". Mientras decía esto, les

mostró sus manos y su costado. Los discípulos se llenaron de alegría cuando vieron al Señor. Jesús les dijo de nuevo: "¡La paz esté con vosotros! Como el Padre me envió a mí, yo también os envío". Al decirles esto, sopló sobre ellos y añadió "Recibid el Espíritu Santo"».

En lo que se refiere a la plena divinidad de Cristo, un ser que, para el cristianismo no es solo emanante de Dios, sino Dios mismo, Jesús se define muchas veces en Juan como *Ego Eimi – Yo Soy*: Yo Soy es el nombre hebreo de Dios, con el que se presenta a Moisés. Por tanto, para Juan, Dios no es un dios inferior gnóstico, sino Dios en persona, que viene a salvarnos. Por ejemplo, en el capítulo 8, versículo 58 del cuarto Evangelio, Jesús dice: «Os aseguro que desde antes que naciera Abraham, Yo Soy»; en el capítulo 13, versículo 19, después de haber profetizado la traición de Judas: «para que cuando suceda, creáis que Yo Soy».

Como destacaba Bultmann, *Ego eimi* se encuentra también en escritos del gnosticismo y del paganismo helénico, en la liturgia mitraica, en las fórmulas mágicas de Isis, en los textos herméticos, tanto con su significado común de identificación donde yo es un predicado, por ejemplo, a la pregunta: «¿Eres Mario Rossi?», la respuesta «Soy yo», como en escritos religiosos, como este atribuido a la diosa Isis: «Soy todo lo que ha sido, lo que es y lo que será» en el que el predicado explicaría la divina eternidad contenida en *Yo soy*. Algunos, sobre la base de esa observación de Bultmann, han pensado además que la fórmula de Juan se basaba en esa utilización pagana religiosa. Pero, aun queriendo imaginar que el cuarto evangelista conociera ese uso, se puede considerar que se trata de casos completamente independientes; de hecho, es lógico pensar que Juan emplea sencillamente la expresión según la tradición del Antiguo Testamento, no hay ningún motivo para que busque en otro lugar cuando, según toda la tradición hebrea, el nombre de Dios es *Yo Soy*, pronunciado por primera vez ante Moisés en Éxodo, capítulo 3, versículos 14 y 15:

«Dios dijo a Moisés: "Yo soy el que soy". Luego añadió: "Tú hablarás así a los israelitas: Yo soy me envió a vosotros"».

Hay que advertir además que también en los otros Evangelios aparece *Ego eimi*, a veces claramente en el sentido divino, otras mezclando los dos significados. En el Evangelio de Mateo, obra dirigida expresamente a los hebreos cristianos, en el capítulo 14, versículo 27, y en el de Marcos, en el capítulo 6, versículo 50, Jesús, caminando sobre las aguas en una tempestad en el mar de Galilea, dic a sus discípulos: «*Ego eimi*, no tengáis miedo» y, después de haberlos salvado del naufragio, estos proclaman: «Eres verdaderamente el Hijo de Dios». Pero ¿podría ser aquí una simple manera de hacerse reconocer, en el sentido de no temáis porque soy yo? Hay que tener presente que también hay un sentido alegórico: las aguas del mar son en la simbología veterotestamentaria el lugar del mal, del pecado, donde vive entre otros malvados el demonio Leviatán. En el Génesis, el Espíritu de Dios se cierne sobre las aguas. Como Jesús no es solo Dios, sino también un hombre real, él, según el comportamiento humano, no se cierne, sino que camina sobre las aguas; sin embargo, la imagen es análoga. Además, muchas veces en el Antiguo Testamento Dios se presenta con la misma secuencia de palabras: «No temáis, *Yo soy* [el Dios] de vuestros padres». En Marcos, capítulo 13, versículo 6, y en Lucas, capítulo 21, versículo 8, al hablar de las señales de los últimos tiempos, Jesús avisa: «Muchos vendrán en mi nombre, diciendo *ego eimi*». Aquí está muy claro el significado de decir Yo Soy [Dios]. En Marcos, capítulo 14, versículo 62, y en Lucas, capítulo 22, versículo 70, el sumo sacerdote pregunta a Jesús si él es el Mesías, hijo de Dios bendito; el responde: «Ego eimi» y es inmediatamente acusado de blasfemia, acusación que se refiere no tanto a su afirmación de mesianidad, dado que para los judíos el mesías es un hombre, sino por hacerse proclamado *Yo Soy* [Dios].

La palabra *mundo* reaparece a menudo en Juan y también se encuentra como sinónimo del mal propio de la materia en la literatura gnóstica. Pero, para Juan, el mundo tiene el significado preciso de *pecado* del mundo, para él, el único mal verdadero es el pecado, no la materia. En Juan, los hijos de las tinieblas se vuelven libremente tales al elegir pecar. Al hablar de los hijos de las tinieblas no se refiere a los ignorantes sin alma, a los materiales de la antropología gnóstica, sino que alude a los que siguen el odio en vez del amor. Los hijos de la luz en Juan no son los iluminados del conocimiento gnóstico, los espirituales, sino los que adoran a Dios siguiendo el ejemplo de sacrificio hacia el prójimo dado por Jesucristo. Es la fe en el Cristo del amor la que, para Juan, conduce a los hombres a la eternidad, no el conocimiento místico-iniciático para unos pocos elegidos; más bien, para Juan, quien sigue las tinieblas se condena por sí mismo debido a su libre elección, no por una predestinación, al ser un individuo material en lugar de espiritual. En el Evangelio de Juan, Jesús afirma haber hablado abiertamente a todos, en el templo y en las sinagogas, no solo a algunos elegidos, como habría pasado si la enseñanza de Juan hubiera sido gnóstica, solo para los pneumáticos.

Llegamos a la figura del *Paráclito* en el cuarto Evangelio. Este tiene una función muy distinta de la del paráclito de Bultmann o, como hemos dicho, del de Yawar, el protector según la doctrina mandeísta.

En el Evangelio de Juan, el Paráclito recuerda exactamente a los apóstoles la enseñanza que les ha dado Jesús para que puedan defenderla bien en su evangelización; manifiesta el derecho que tenía Jesús en la tierra para calificarse como Hijo de Dios; revela el sentido de su muerte, es decir, la derrota y la condena de mal (de Satanás, el príncipe del mundo); asume la guía de los discípulos que había sido antes de Jesús-el buen pastor; anuncia cosas futuras, en el sentido de interpretar bajo una nueva luz lo que ha pasado y se ha dicho (los estudiosos bíblicos han advertido que el verbo *apangellõ*, anunciar, también se usa en escritos apocalípticos hebreos para indicar la revelación final sobre cosas hasta entonces misteriosas); el Paráclito guía a los discípulos a comprender que en Cristo se ha cumplido todo lo prometido en las antiguas Escrituras; leemos:

> «Pero el Paráclito *(en ciertas traducciones se encuentra en su lugar la palabra Consolador – N. del A.)*, el Espíritu Santo, que el Padre enviará en mi Nombre, os enseñará todo y os recordará lo que os he dicho» (Juan, capítulo 14, versículo 26) - «Sin embargo, os digo la verdad: os conviene que yo me vaya, porque si no me voy, el Paráclito no vendrá a vosotros. Pero si me voy, os lo enviaré. Y cuando él venga, probará al mundo dónde está el pecado, dónde está la justicia y cuál es el juicio. El pecado está en no haber creído en mí. La justicia, en que yo me voy al Padre y vosotros ya no me veréis. Y el juicio, en que el Príncipe de este mundo ya ha sido condenado. Todavía tengo muchas cosas que deciros, pero no las podéis comprender ahora. Cuando venga el Espíritu de la Verdad, él os introducirá en toda la verdad, porque no hablará por sí mismo, sino que dirá lo que ha oído y os anunciará lo que irá sucediendo. El me glorificará, porque recibirá de lo mío y os lo anunciará. Todo lo que es del Padre es mío. Por eso os digo: "Recibirá de lo mío y os lo anunciará"» (Juan, capítulo 16, versículo 7 a 15).

Juan da a entender en el Evangelio que el Paráclito es el propio Hijo (además del Padre, como afirma el propio Jesús) por cuanto al aparecer resucitado Jesús sopla sobre los apóstoles, y sabemos que el Soplo para los hebreos indica el espíritu de Dios, pero en una función distinta de la de Cristo. Se podría ver al Paráclito de Juan como el Espíritu Santo en una parte especial, como presencia personal de Jesús en el cristiano, mientras que Jesús ya ha ascendido y está con el Padre y reiteramos que, en Juan, Jesús mismo afirma que quien le ve a él, ve al padre, es decir, que ellos son el único Dios: el espíritu es la presencia de Jesús cuando está físicamente ausente de la tierra. No se trata solo de otro modo de explicar al Cristo salvador: cuando llega el Espíritu, la obra de la Salvación ya está completada en Jesús. En otras palabras, él es el Paráclito, a ser una de las tres Personas del *único* Dios, también el Salvador-Hijo, pero en cuento Espíritu Santo-Paráclito es concretamente el Abogado defensor divino que da fuerzas para resistir a las tentaciones, es el Protector y el Consolador de los discípulos de Cristo, incluidos aquellos que vendrán, como se puede deducir del capítulo 17, versículo 20, en donde Jesús reza también por los cristianos futuros: «No ruego solamente por ellos, sino también por los que, gracias a su palabra, creerán en mí»; es él quien sostendrá a la Iglesia durante siglos, siempre viva hasta hoy, después de dos mil años, a pesar de algunos errores e incluso delitos abominables de sus miembros e incluso de los jefes terrenales que utilizaron y utilizan mal la libertad concedida irrevocablemente por Dios a todos los seres humanos.

Es sabido que también en los Evangelios sinóptico se habla del Espíritu unos años antes del Evangelio de Juan, que, como sabemos, se redactó en torno al año 90; Marcos se data habitualmente hacia el año 70, aunque para algunos lo precedería quince años, Mateo en torno al 80, Lucas después del 70 y en la década de los 80, pero hay quien lo considera anterior al 70, al haberse escrito antes que su otro libro, los Hechos de los apóstoles, texto que remite al Evangelio de Lucas en el capítulo 1, versículos 1 a 5: «En mi primer Libro, querido Teófilo, me referí a todo lo que hizo y enseñó Jesús, desde el comienzo, hasta el día en que subió al cielo, después de haber dado, por medio del Espíritu Santo, sus últimas instrucciones a los Apóstoles que había elegido. Después de su Pasión, Jesús se manifestó a ellos dándoles numerosas pruebas de que vivía, y durante cuarenta días se le apareció y les habló del Reino de Dios. En una ocasión, mientras estaba comiendo con ellos, les recomendó que no se alejaran de Jerusalén y esperaran la promesa del Padre:

“La promesa”, les dijo, “que yo os he anunciado. Porque Juan bautizó con agua, pero vosotros seréis bautizados en el Espíritu Santo, dentro de pocos días”». Hay indicios de que los Hechos se compusieron aproximadamente entre los años 62 a 70 y tal vez ya en el más breve periodo que va del 62 a los años 64-67, dado que se habla del apóstol de los gentiles, Pablo, solo hasta el año 61 y no se dice nada de su muerte, acaecida entre el 64 y el 67 durante la persecución de Nerón; por el contrario hay historiadores bíblicos que afirman que también los Hechos de los Apóstoles, además del Evangelio de Lucas, fueron posteriores al 70, porque el autor en el propio Evangelio precedente a los Hechos demuestra conocer la destrucción de Jerusalén y el templo del año 70 y así hace que Jesús la anuncie *a posteriori*, sabiendo él mismo que se había producido: por tanto, según estos críticos, Cristo no habría tenido capacidades proféticas. En los Evangelios sinópticos encontramos al Espíritu a propósito del bautismo de Jesús (Marcos 1:11; Mateo 3:17; Lucas 3:22), no como tercera Persona divina, sino como el Espíritu del Padre que desciende sobre el mismo Jesús, declarándolo su «hijo amado» en quien se «complace». Reencontramos el Espíritu en el citado libro de Lucas de los Hechos de los Apóstoles, donde se habla muchas veces de él, por ejemplo, el Espíritu desciende sobre los seguidores de Cristo en el día de Pentecostés, capítulo 2, en el que se lee en los versículos 1 a 4: «Al llegar el día de Pentecostés, estaban todos reunidos en el mismo lugar. De pronto, vino del cielo un ruido, semejante a una fuerte ráfaga de viento, que resonó en toda la casa donde se encontraban. Entonces vieron aparecer unas lenguas como de fuego, que descendieron por separado sobre cada uno de ellos. Todos quedaron llenos del Espíritu Santo, y comenzaron a hablar en distintas lenguas, según el Espíritu les permitía expresarse». En el capítulo 16, versículos 6 y 7 se habla dos veces de la tercera Persona bajo las expresiones *Espíritu Santo* y *Espíritu de Jesús*, locuciones que identifican al mismo Espíritu, pero todavía sin distinguir funciones, a diferencia del cuarto Evangelio. Los Evangelios sinópticos y los Hechos de los Apóstoles se escribieron cuando la primera Iglesia no había llegado todavía a la reflexión teológica más profunda que encontraremos poco después en Juan.

...las Epístolas...

Las Epístolas de Juan se oponen expresamente a los gnósticos.

La *Primera Epístola*, capítulo 1,versículo 1, empieza con el anuncio de lo que «existía desde el principio, lo que hemos oído, lo que hemos visto con nuestros ojos, lo que hemos contemplado y lo que hemos tocado con nuestras manos», o sea, el Logos de la vida: el cuerpo de Jesús es real, no un fantasma como afirman los docetistas gnósticos *cristianos* y la esencia de la esencia de Dios no es el conocimiento: Dios es amor, es «ágape», capítulo 4, versículo 16, y por tanto Cristo no ha venido a traer la iluminación gnóstica, sino la verdad: para obedecerlo hay que amar a Dios y al prójimo. La Redención es un acto de solidaridad, no para unos pocos elegidos, sino para toda la humanidad: los pecados de los que nos salva Cristo son los del mundo entero (capítulo 2, versículo 2).

Para Alan Bouquet la palabra *ágape* se traduce como amor, ágape que es el atributo esencial del mismo Dios Vivo, no solo en Juan, sino ya en las Epístolas de Pablo, y tiene un significado nuevo con respecto a la literatura griega clásica, en la que tenía un sentido de simpatía, preferencia, tolerancia. La palabra usada es griega, pero la mentalidad de quien la escribe es distinta.

Igual que en Evangelio, se ha querido encontrar en la primera Epístola una afirmación gnóstica en el capítulo 2, versículos 15 y 16, donde se afirma «No améis al mundo ni las cosas mundanas. Si alguien ama al mundo, el amor del Padre no está en él. Porque todo lo que hay en el mundo es concupiscencia de la carne, codicia de los ojos y ostentación de riqueza. Todo esto no viene del Padre, sino del mundo». Se trata de una afirmación forzada: no cabe duda, considerando el contexto, de que Juan no habla de la *materia* de la que está hecho el mundo, sino del *pecado* y de la libertad de pecar que Dios ha dado al hombre, es decir, de estar en el mundo o bien de que el Padre esté contra el mundo, contra el pecado. El mundo no es un mal en sí mismo, son los modos negativos en los que vive libremente el hombre los que son el mal. La concupiscencia de la carne cuenta a un hebreo la comparación entre Dios, que presenta al hombre un proyecto de salvación, y el hombre en su totalidad, criatura corrompible, frágilmente caduca, que persigue su fin egoísta tratando de sustituir al mismo Dios, igual que hizo por primera vez Adán cometiendo el arquetípico pecado original. A un griego se le puede hablar de intemperancia, de pasiones, de sexo, de glotonería, porque la carne es para él vil materia, es la sede de la bestialidad que entorpece su alma espiritual y puede incluso hablar de la envidia y de la soberbia, pero para un judeocristiano el cuerpo es toda su humanidad y habla de todo (Bruno Maggioni: ver la Bibliografía). De hecho, esta humanidad no comprende un pneuma humano etéreo, sino la psique (alma, a lo latino) que emana del cuerpo del hombre a imagen de la Razón divina.

Para el Juan de la Primera Epístola, capítulo 4, versículos 1 y 2, se necesita la fe en la Encarnación real para impedir un religiosidad meramente espiritual, iniciática, íntima, fuera del amor:

> «Queridos míos, no creáis a cualquiera que se considere inspirado: poned a prueba vuestra inspiración, para ver si procede de Dios, porque han aparecido en el mundo muchos falsos profetas. En esto reconoceréis al que está inspirado por Dios: todo el que confiesa a Jesucristo manifestado en la carne, procede de Dios».

En la *Segunda y Tercera Epístolas*, dirigidas a una iglesia llamada Comunidad Elegida, el autor combate la negación de la encarnación real del Hijo por parte de un tal Diótrefes y sus acólitos, que han entrado en aquella iglesia, donde han adquirido un gran poder, y se han opuesto a los cristianos genuinos, llegando a perseguirlos. Estos son una causa de una crisis en la comunidad; son «el Seductor y el Anticristo», instrumentos del diablo en el sentido de que excluyen la humillación del Logos en la carne, a la que consideran una mera apariencia; en particular, se pueden leer en la segunda Epístola el capítulo 1, versículo 7 y en la tercera el capítulo 1, versículos 9 y 10:

> «Porque han invadido el mundo muchos seductores que no confiesan a Jesucristo manifestado en la carne. ¡Ellos son el Seductor y el Anticristo!»
> «Yo escribí una carta a la Iglesia, pero Diótrefes, que aspira a ocupar el primer puesto en ella, no reconoce nuestra autoridad. Por eso, cuando vaya, le echaré en cara el mal que hace hablando en contra de nosotros. Y no contento con esto, no quiere recibir a los hermanos, y a los que quisiera recibirlos, les prohíbe que lo hagan y los expulsa de la Iglesia»

También a partir de las Epístolas y no solo del Evangelio hay que rechazar la idea de que Juan y sus discípulos tuvieran ideas gnósticas y de que, por tanto, fuera ese el cristianismo predicado por la iglesia de Juan en Éfeso: los gnósticos que se habían infiltrado fueron juzgados como anticristo, como anticristianos.

... el Apocalipsis...

El Apocalipsis es un rompecabezas imposible de una revista de crucigramas. Hoy hay muchísimas interpretaciones sobre detalles y múltiples generalidades.

Me han interesado especialmente las de Eugenio Corsini y de Edmondo Lupieri (ver Bibliografía), sin olvidar los múltiples comentarios al Apocalipsis en diversas ediciones de la Biblia.

También debido a la gran dificultad de su interpretación, apareció en época positivista la *teoría de los fragmentos*, que consideraba que se trataba de una composición de textos de varios escritores, por lo que la obra habría sido ficticiamente unitaria: habrían estado implicados en su redacción, de forma independiente, el gnóstico Cerinto, Juan Marcos, el presbítero Juan, si era alguien distinto del anterior, y otros. Se suponía que los textos más antiguos eran de tiempos de Calígula, de Claudio y de Nerón y que los nuevos autores habrían escrito versículos hasta las épocas de Trajano y Adriano.

Seguidores de la escuela del racionalista y crítico del cristianismo Adolf von Harnack, autor del célebre *La esencia del cristianismo*,[41] aseguraban que ciertas partes no podían haber sido escritas por un cristiano, porque ningún cristiano habría profetizado un nacimiento del mesías, según el capítulo 12, en el que el niño recién nacido, a la espera de su regreso triunfal, es apartado de su madre, que ha recibido alas, en un refugio en el desierto a salvo del dragón-serpiente:

> «El Dragón, al verse precipitado sobre la tierra, se lanzó en persecución de la Mujer que había dado a luz al hijo varón. Pero la Mujer recibió las dos alas de la gran águila para volar hasta su refugio en el desierto, donde debía ser alimentada durante tres años y medio, lejos de la Serpiente. La Serpiente vomitó detrás de la Mujer como un río de agua, para que la arrastrara. Pero la tierra vino en ayuda de la Mujer: abrió su boca y se tragó el río que el Dragón había vomitado» (Apocalipsis, capítulo 12, versículos 13 a 16).
>
> Para Eugenio Corsini (cf. *Apocalisse prima e dopo*), la mujer es el pueblo de Israel después del pecado original, que quita provisionalmente la Gracia, es decir, el Hijo, pero que está protegida por Dios contra los ataques del maligno; pero nacerá sobre la tierra Cristo el Salvador y con su Gracia será restituido a la mujer, es decir, a Israel, en la Encarnación.

[41] Adolf von Harnack, *La esencia del cristianismo*, disponible en formato Kindle en https://www.amazon.es/Esencia-del-Cristianismo-Adolf-Harnack-ebook/dp/B07KRQRVF1/ref=sr_1_2?__mk_es_ES=%C3%85M%C3%85%C5%BD%C3%95%C3%91&dchild=1&keywords=La+Esencia+del+Cristianismo&qid=1607170179&s=digital-text&sr=1-2.

En este Libro, según la escuela de von Harnack, coexisten uno o más apocalipsis hebreos antiguos no cristianos. Según Wilhelm Bousset y otros de la *escuela de la teoría de los fragmentos*, en el Apocalipsis de Juan había textos con una antigüedad de siglos o incluso de milenios, sobre mitos egipcios, babilonios o iraníes luego reelaborados por un judeocristiano. Era la época de la historia comparada de las religiones, en el ámbito de la crítica racionalista al cristianismo. Esta no actuaba sobre documentos antiguos que relacionaran los diversos mitos, sino mediante una simple analogía entre diversos mitos, pero al querer demostrar tesis gracias al simple razonamiento analógico, sin pruebas factuales, esto se reducía, sobre todo, a meras afirmaciones apodícticas.

Hubo, por el contrario, quien quiso salvar la unidad de la obra en ciertos aspectos. Para el británico Robert Henry Charles,[42] el autor del Apocalipsis era un cristiano llamado Juan, distinto del autor del Evangelio, que había escrito al principio una obra homogénea, pero un revisor había modificado después el texto, eliminando, desplazando e insertando frases contrarias al genuino mensaje de Juan, sobre todo en la última parte. Según él, se trataba de la obra de un autor que pensaba en arameo o hebreo y escribía en griego. Sin embargo, tampoco hay de hecho pruebas de las afirmaciones de Charles.

En cuanto a la exégesis católica, fiel a su principio de las escuelas apostólicas, considera el texto esencialmente unitario, en el sentido de que, aunque se acepte la hipótesis de autores diversos, emana de la predicación de Juan en su iglesia de Éfeso; esos autores judeocristianos habrían tenido presentes apocalipsis apócrifos hebreos y el Libro profético de Daniel.

> En el entorno judío, el Libro de Daniel fue aceptado como canónico por los rabinos hebreos de la asamblea de Iamnia hacia el año 80 d.C., después de la destrucción de Jerusalén en el año 70 que se supuso profetizada por el propio Daniel. El texto se consideraría posteriormente canónico también por la Iglesia.

Pero a nosotros nos interesa en particular ver si también en el Apocalipsis se condena a los gnósticos. Efectivamente, en el capítulo 2, versículos 12 a 16: «Escribe al Ángel de la Iglesia de Pérgamo: "El que tiene la espada de doble filo afirma: 'Sé que tú habitas donde está el trono de Satanás. A pesar de todo, permaneces fiel a mi Nombre y no has renegado de tu fe en mí, ni

[42] *Studies in the Apocalypse*, Edimburgo: T. & T. Clark, 1913.

siquiera en la época de Antipas, mi testigo fiel, al que mataron en el lugar donde habita Satanás. Sin embargo, debo reprocharte algo, y es que tienes adictos a la doctrina de Balaam, el que enseñó a Balac cómo debía seducir a los israelitas para que se prostituyeran, comiendo los alimentos sacrificados a los ídolos. Tienes además partidarios de la doctrina de los nicolaítas. Arrepiéntete, o iré en seguida para combatirlos con la espada de mi boca"'».

Hay quien cree que las siete iglesias a las que dirige Juan indican siete etapas en la Historia de la Salvación; para otros son iglesias ideales y presentan características y defectos de todas las reales: el número siete, para los hebreos, es el número de la plenitud divina; sin embargo, como refiere Luperi en su comentario al Apocalipsis, para el estudioso Yarbro Collins no es posible sostener la idea de que en el siglo I significara la perfección. Por tanto, nada demuestra que no se trate de iglesias reales, unidas entre sí por un buen sistema viario, sobre las que Juan tenía influencia.

En el capítulo 20, versículo 12, para alcanzar o no la Vida eterna, los muertos son juzgados por sus obras y no según la iluminación, el conocimiento esencial conseguido en las meditaciones y prácticas trascendentales. En el capítulo 2, versículo 2 habla Cristo-Dios: «Conozco tus obras, tus trabajos y tu constancia. Sé que no puedes tolerar a los perversos: has puesto a prueba a quienes usurpan el título de apóstoles, y comprobaste que son mentirosos» y en el versículo 6: «tienes esto a tu favor: que detestas la conducta de los nicolaítas, lo mismo que yo».

La Epístola de Santiago el Menor

Un autor de nombre Santiago, tal vez el apóstol Santiago de Alfeo, llamado Santiago el Menor, redacta una Epístola que tendrá una vida ajetreada antes de ser aceptada en el canon del Nuevo Testamento, aunque sea un libro que emana de la primera predicación. Solo la iglesia de Alejandría la aceptará como canónica en el siglo III y para la totalidad de la Iglesia habrá que esperar al siglo IV. Luego será eliminada de nuevo como «epístola de paja» por Lutero, para quien la salvación viene de la sola fe y aquí, por el contrario, se predica esencialmente la necesidad de las obras; hay que advertir al menos que ni para esta Santiago ni para la Iglesia la salvación viene de las obras. Estas son necesarias para obedecer las órdenes dadas por Jesús de hacer el bien al prójimo, no porque uno se salve por ellas mismas: quien salva es exclusivamente Cristo.

> Para una parte de los exégetas, el autor de la epístola que lleva el nombre de Santiago no sería el apóstol Santiago el Menor (ni tampoco el apóstol Santiago el Mayor). Sabemos que Pablo habla del apóstol «Santiago, el hermano del Señor» en el capítulo 1, versículos 18 y 19 de su epístola a los Gálatas, escrita entre el 54 y el 57, ubicándolo en Jerusalén junto a Pedro; estamos antes del traslado de estos a Roma: «Tres años más tarde, fui desde allí a Jerusalén para visitar a Pedro, y estuve con él quince días. No vi a ningún otro Apóstol, sino solamente a Santiago, el hermano del Señor». Hacia el año 90, el historiador hebreo romanizado, no cristiano, Tito Flavio Josefo, más conocido como Flavio Josefo, recoge en sus *Antigüedades Judías* el martirio de «Santiago, hermano de Jesús, llamado el Cristo» sin precisar más su identidad. El autor de la Epístola llamada de Santiago es llamado «Santiago el Justo» por el escritor cristiano Hegesipo, que vivió entre el 110 y el 180. Para el escritor eclesiástico Eusebio Sofronio Jerónimo (347 - 420), historiador y exégeta gran conocedor del hebreo y del griego, autor de la traducción al latín de Biblia (la *Vulgata*), era «Santiago de Jerusalén, hijo de Alfeo, hermano del apóstol Judas Alfeo y primo de Jesús», es decir, precisamente el apóstol Santiago Alfeo, llamado el Menor. Sea quien sea, el autor de la epístola que lleva el nombre de Santiago es en todo caso un moralista judeocristiano con un puesto importante en la iglesia de Jerusalén.

Santiago escribe a los demás judeocristianos, «a las doce tribus dispersas por el mundo», dibujando una guía de vida caracterizada por el amor, en absoluto por el misticismo ni el esoterismo. La sabiduría para él es la palabra de verdad traída por Jesús y sembrada en nosotros para la salvación eterna; esa verdad que es la revelación para nosotros, hombres, que necesita amar y lo demuestra con obras buenas para el prójimo. Santiago no niega la fe, pero subraya que es necesario responder a la Gracia actuando de manera meritoria. Habla de la unción de los enfermos, pero no en un sentido mágico, sino como señal de su fe, en la oración y en la confesión de sus pecados: el objetivo es alcanzar la salvación ultramundana, aunque no haya que excluir la terrenal del cuerpo, siempre gracias a los solos méritos de Cristo. En el Libro no hay nada gnóstico, a diferencia del ya citado y mucho más tardío apócrifo «protoevangelio» falsamente atribuido a Santiago el Menor.

Otros autores antignósticos del Nuevo Testamento: Pablo, Pedro, Judas

Asimismo, otros autores de Libros neotestamentarios aluden, condenándolos, a pensamientos y actitudes de tipo gnóstico-esotérico, incluido el desenfreno, sobre todo sexual, de algunos, derivado de concepto indicado de la materia, incluido el cuerpo humano, como un mal en sí, destinado a perecer y, por tanto, si se quiere, a usar sin contención para el placer propio.

A estos herejes se refieren ya las *Epístolas de Pablo*, escritas entre el 51-52, años de la redacción de la primera, la Primera Epístola a los Tesalonicenses, bienio durante el cual estaba en Corinto y era allí gobernador, como se aprecia en una estela encontrada en el siglo XX, un hermano de Séneca, Galión, con quien el propio Pablo se reunió según se refiere en el libro de los Hechos de los Apóstoles, y los años 64-67, último periodo de la vida del apóstol de las gentes no hebreas, durante los cuales, en Roma, se produjo la persecución anticristiana de Nerón, con el martirio del propio Pablo (además de Pedro: lo más probable, al menos para Pedro, en el año 64). He escrito que Pablo era considerado por los positivistas el fundador del cristianismo siguiendo la mentalidad filosófica griega y la mitología helénica del hombre divinizado, tipo Hércules o Dionisio y, en Roma, el rey Rómulo. Es una idea insostenible, no solo considerando las Epístolas paulinas, sino también a partir de los Hechos de los Apóstoles, donde se habla de Pablo, aunque todavía se exprese hoy en la escuela de crítica al cristianismo de la Universidad Hebrea de Jerusalén. De hecho, el propio Pablo afirma siempre ser plenamente hebreo, no solo por descendencia, sino también por cultura, proclamándose alumno del gran maestro fariseo Gamaliel el Viejo. Es verdad que no ignora el pensamiento griego y, al conocer bien el idioma, lo usa para tratar de convertir a los gentiles; también recurre a la cita de los antiguos poetas Arato de Solos y Cleantes de Aso: en general un medio para convertir paganos, usado luego por otros evangelizadores y que llevará, con el tiempo, al cristianismo a muchas personas cultas grecorromanas. El hebraísmo ortodoxo de Pablo se atestigua en primer lugar en la

Epístola a los Romanos, en el capítulo 9, versículos 1 a 5, donde explica el dolor que le produce la falta de conversiones de la mayoría de sus hermanos hebreos:

> «Digo la verdad en Cristo, no miento, y mi conciencia me lo atestigua en el Espíritu Santo. Siento una gran tristeza y un dolor constante en mi corazón. Yo mismo desearía ser maldito, separado de Cristo, en favor de mis hermanos, los de mi propia raza. Ellos son israelitas: a ellos pertenecen la adopción filial, la gloria, las alianzas, la legislación, el culto y las promesas. A ellos pertenecen también los patriarcas, y de ellos desciende Cristo según su condición humana, el cual está por encima de todo, Dios bendito eternamente. Amén».

Pablo predica directamente y sin ambages la resurrección del *cuerpo* humano, es decir, de la *persona entera*, que, en el léxico hebreo, viene indicada con la única palabra cuerpo; habla también a los filósofos areopagitas con los que discute en Atenas, que evidentemente se escandalizan al estar orientados, de acuerdo con su filosofía, a creer en la divinización de un espíritu humano, nunca de un vergonzante cuerpo. Pero hay que advertir que, según Pablo, como se ve claramente en más puntos de la Primera Epístola a los Corintios, si es verdad que no resucita un inexistente pneuma humano, sin embargo, el cuerpo del justo se transforma en espiritual cuando se asume en el Espíritu de Dios. Pablo no habla del destino ultraterreno del pecador impenitente y, por tanto, condenado: él y cualquier otro hebreo entienden que el pecador no arrepentido muere y, sencillamente, no resucita y este será el pensamiento de toda la Iglesia durante cerca de dos siglos, antes de la platonización del cristianismo, instrumentada para la conversión de los grecorromanos por medio de la filosofía.

> La argumentación del pensamiento de la Iglesia sobre la suerte de los pecadores impenitentes y la de los justos, ligado al concepto de alma, es compleja. Se pueden leer a este respecto, de Guido Pagliarino, los ensayos divulgativos *Espíritu, alma y persona. De la antigüedad griega y hebrea al mundo cristiano contemporáneo*, Tektime, libro y e-book, y *La transformación - Sobre el cuerpo glorioso espiritual y sobre la nada eterna infernal: según la antropología cristiana en los siglos I y II*. El mismo autor ha tratado también esa argumentación en la obra *La vita eterna - Saggio sull'immortalità tra Dio e l'uomo*, Prospettiva editrice, libro descatalogado.

Por tanto, en la base de la afirmación paulina sobre la resurrección del cuerpo no está el pensamiento gnóstico, sino el sentir normal de todos los judíos, pensamiento que había sido evidentemente también el del hebreo Jesús de Nazaret: también para él toda la realidad del hombre sobre esta tierra, lo que equivale a decir sobre su eventual transformación y asunción a Dios, era su cuerpo con su psique-alma, es decir, era la persona física humana racional. No tiene nada que ver con la idea gnóstica y, más en general, helénica, de un ánima humana pneumática. Los hebreos, una vez helenizados, definen al Pneuma (Espíritu) como único Dios; sabemos que tradicionalmente usaban en su lugar, entre los sobrenombres del impronunciable Dios, la palabra *Rûah*, Aire, Soplo, Viento y que el propio Juan la repite tradicionalmente en su Evangelio como sinónimo del Pneuma divino.

Pablo escribe *soma* (cuerpo), *psyché* (alma) y *pneyma* (espíritu, ánima), como los gnósticos, pero con un significado distinto. En lo que se refiere al cuerpo del pecador, que a la muerte no se transforma en espiritual, sino que está destinado a morir si no reconoce a Cristo y no se aleja del pecado, es definido por él convencionalmente como *sarx*, carne, para distinguirlo del que está en gracia, al que llama *soma*. Cuando en las traducciones al español de las Epístolas paulinas leemos «alma» humana, tenemos presente que lo que originalmente había escrito el apóstol en griego era *psyché* = psique-alma, es decir, se trata de la razón del ser humano vivo, no del *pneyma* = pneuma–ánima, palabra que Pablo reserva solo a Dios y, por extensión, debida a la Gracia de Cristo, a la dimensión del convertido que está precisamente *en gracia*, es decir, lleno del Pneuma divino. Lo que resucita, para Pablo, lo subrayo, es *solo* el cuerpo humano, pero es un *soma* glorioso y finalmente transformado en pneumático. El cuerpo humano que no está todavía en la gloria es para Pablo *psíquico*, es decir, es un cuerpo animal dotado de razón individual; en la Primera Epístola a los Corintios, capítulo 15, versículos 42 a 44, leemos: «la resurrección de los muertos: se siembran cuerpos corruptibles y resucitarán incorruptibles; se siembran cuerpos humillados y resucitarán gloriosos; se siembran cuerpos débiles y resucitarán llenos de fuerza; se siembran cuerpos puramente naturales y resucitarán cuerpos espirituales».

Para los gnósticos, cualquier cuerpo humano, cualquier *soma*, que no distinguen del *sarx*, está condenado a la destrucción junto a su psique humana y solo se salva su pneuma.

Se puede incluso añadir, a propósito del carácter hebreo canónico del pensamiento paulino, que la predicación de Pablo y de sus colaboradores tiene su base oficial, en el año 49, en la aprobación del mismo por Pedro y la Iglesia entera, entonces toda compuesta por judeocristianos, como leemos en los capítulos del 15 al 18 de los Hechos de los Apóstoles.

Pablo combate las doctrinas filosóficas visionarias místicas, que no tienen en su base el amor, sino el conocimiento y que han entrado lamentablemente en los círculos del cristianismo. Se pueden ver como ejemplo algunos versículos de la Primera Epístola a Timoteo:

> 1 Timoteo, capítulo 1 versículos 3 y 4: «Al partir para Macedonia, te pedí que permanecieras en Efeso, para impedir que cierta gente enseñara doctrinas extrañas y prestara atención a mitos y genealogías interminables. Estas cosas no hacen más que provocar discusiones inútiles, en lugar de servir al designio de Dios fundado sobre la fe».
>
> 1 Timoteo, capítulo 4 versículos 1 y 2: «El Espíritu afirma claramente que en los últimos tiempos habrá algunos que renegarán de su fe, para entregarse a espíritus seductores y doctrinas demoníacas, seducidos por gente mentirosa e hipócrita, cuya conciencia está marcada a fuego».
>
> 1 Timoteo, capítulo 4 versículo 4: «Todo lo que Dios ha creado es bueno, y nada es despreciable, si se lo recibe con acción de gracias».

Llegamos a las dos *Epístolas atribuidas a Pedro*, o al menos provenientes de su predicación y de sus discípulos:

La primera (*1 Pedro*) la escribe un autor de buen estilo griego influido en algunos puntos por las Epístolas de Pablo a los Romanos y a los Efesios. Podría tratarse del secretario de Pedro, Silvano, que también era discípulo de Pablo. Hay también quien supone (cf, la Biblia de Jerusalén) que la epístola sea anterior a la muerte de Pedro, que sabemos que se produjo bajo Nerón entre el 64 y el 67, y que podría haber sido completada por Silvano unos años después, siguiendo la autoridad y las indicaciones del apóstol, a partir de una redacción anterior del jefe de la iglesia de Roma, Pedro; quien formula esa conjetura añade sin embargo que hacen falta pruebas. El Cristo de la 1 Pedro es todo lo contrario que el maestro de sabiduría para unos pocos elegidos, dotado de un cuerpo fantasma y cuyo sacrificio de la vida habría sido solo aparente y que querrían los gnósticos *cristianos*. Esa epístola evidencia el sacrificio de Cristo a favor de los seres humanos injustos, con el fin de conducirlos a Dios: él es el cordero sin mancha del sacrificio cuya sangre preciosa se ha vertido realmente para nuestro rescate; es la piedra rechazada, es el siervo sufridor insultado que no devuelve el insulto del que se habla en el capítulo 53 del Libro profético veterotestamentario de Isaías.

La segunda Epístola (*2 Pedro*) es de un estilo distinto y menos elevado con respecto a la primera: aunque hay una referencia a la 1 Pedro en el capítulo 3, versículo 1, que relaciona ambas epístolas con el mismo entorno eclesiástico, la 2 Pedro es de otro autor. Es el más tardío de los Libros del Nueva Testamento, datable en torno al año 100, por lo que, con seguridad, Pedro no participó en ella. Este Libro se caracteriza por una fuerte polémica contra los falsos maestros y profetas que introducen en el cristianismo herejías desastrosas. Todas estas tienen la característica de basarse en un conocimiento iluminado que pretenden poseer, así que aquí se trata también de aquellos gnósticos *cristianos* dedicados a crear un cristianismo para espirituales, distinto de aquel para creyentes comunes, incluso sin negarse, como hemos visto a propósito de la doctrina de Carpocrates, a desenfrenos sexuales:

> Capítulo 2 versículo 1: «En el pueblo de Israel hubo también falsos profetas. De la misma manera, habrá entre vosotros falsos maestros que introducirán solapadamente desviaciones perniciosas, y renegarán del Señor que los redimió, atrayendo sobre sí mismos una inminente perdición».
> Capítulo 2 versículos 15 y 16: «Ellos abandonaron el camino recto, extraviándose tras los pasos de Balaam, hijo de Bosor, que se dejó seducir por un salario injusto; pero él encontró quien le reprochara su falta: un animal de carga pronunció palabras humanas y puso freno a la insensatez del profeta».
> Capítulo 2 versículo 18: «Con sus palabras altisonantes y vacías, atraen, por medio de los deseos desenfrenados de la carne, a los que apenas acaban de librarse de los que viven en el error».

La Epístola 2 Pedro se cierra, capítulo 3, versículos 15 y 16, con una exhortación a la ortodoxia según lo ya enseñado por Pablo, basada en el amor:

> «Tened en cuenta que la paciencia del Señor es para nuestra salvación, como os ha escrito nuestro hermano Pablo, conforme a la sabiduría que le ha sido dada y lo repite en todas las cartas donde trata este tema. En ellas hay pasajes difíciles de entender, que algunas personas ignorantes e inestables interpretan torcidamente –como, por otra parte, lo hacen con el resto de la Escritura– para su propia perdición»: el autor escribe

como si Pablo estuviera todavía vivo, pero hay que pensar que se refería a sus epístolas que, desde hacía tiempo, mediante copias, circulaban por las diversas iglesias cristianas.

También se opone a los gnósticos la breve *Epístola de Judas*. Compuesta por un solo capítulo, está escrita en una iglesia que tiene como guía un seguidor directo de Cristo, es decir, uno de los jefes judeocristianos de la primera generación, de quien siguen su predicación. Podría tratarse de una circular a la comunidad de más localidades dependientes de esa iglesia primaria y con seguridad no se cita a ninguna en particular. Es una carta con una notable relación con las segunda Epístola de Pedro. Se pueden comparar en concreto los versículos del 4 al 16 con el capítulo 2, versículos del 1 al 18 de la 2 Pedro. Eso podría hacer suponer que uno de los dos autores habría acudido al otro.

Recurriendo a palabras altisonantes, Judas acusa a algunos falsos maestros que confunden con sus doctrinas místicas y sus comportamientos depravados a la comunidad cristiana destinataria. Podemos leer las siguientes partes:
Versículos 3 y 4: «Queridos míos, tenía un gran deseo de escribiros acerca de nuestra común salvación, pero me he visto obligado a hacerlo con el fin de exhortaros a combatir por la fe, que de una vez para siempre ha sido transmitida a los santos. Porque se han infiltrado entre vosotros ciertos hombres, cuya condenación estaba preanunciada desde hace mucho tiempo. Son impíos que hacen de la gracia de Dios un pretexto para su libertinaje y reniegan de nuestro único Dueño y Señor Jesucristo».
Versículos del 10 al 16: «Estos (...) hablan injuriosamente de lo que ignoran; y lo que conocen por instinto natural, como animales irracionales, sólo sirve para su ruina. ¡Ay de ellos! Porque siguieron el camino de Caín; por amor al dinero cayeron en el extravío de Balaam y perecieron en la rebelión de Coré. Ellos manchan las comidas fraternales, porque se dejan llevar de la glotonería sin ninguna vergüenza y sólo tratan de satisfacerse a sí mismos. Son nubes sin agua llevadas por el viento, árboles otoñales sin frutos, doblemente muertos y arrancados de raíz; olas bravías del mar, que arrojan la espuma de sus propias deshonras, estrellas errantes a las que está reservada para siempre la densidad de las tinieblas. A ellos se refería Enoc, el séptimo patriarca después de Adán, cuando profetizó: "Ya viene el Señor con sus millares de ángeles, para juzgar a todos y condenar a los impíos por las maldades que cometieron, y a los pecadores por las palabras insolentes que profirieron contra él". Todos estos son murmuradores y

descontentos que viven conforme al capricho de sus pasiones: su boca está llena de petulancia y adulan a los demás por interés».

El autor, a quien evidentemente no hay que confundir con el Iscariote, el traidor, se presenta sencillamente, en el primer versículo, como «Judas, servidor de Jesucristo, hermano de Santiago». Según estudiosos como Giuliano Vigini,[43] se trataría del Judas «hermano de Jesús» de quien habla el Evangelio de Marcos en el capítulo 6, versículo 3, en el que se califica precisamente a Judas y Santiago como hermanos de Jesús y tal vez podría ser el apóstol Judas Tadeo. Hay que verlo en todo caso como un enviado, es decir, como un «apóstol» en el sentido en que Pablo usa el término, sin reservarlo solo a los «doce», sino atribuyéndolo a todos los que difunden la buena nueva, él incluido.

Epístola del papa Clemente: Nota

Puede merecer una nota, aunque no se trate de un libro canónico, la epístola de llamada al orden de Clemente, obispo de Roma (en el futuro, al obispo de Roma se le llamaría *el papa*), epístola cercana al año 95 dirigida a la iglesia de Corinto, que se debió a discrepancias internas en esa comunidad por la presencia de personas que discutían la autoridad sacerdotal en nombre de su presunta posesión de carismas e iluminaciones divinas especiales, tal vez inspiradas por una secta gnóstica. Para Clemente se trataba de una revuelta (*stàsis*) contra aquella predicación de los apóstoles y sus discípulos directos que ya se había consolidado en las iglesias y estaba puesta por escrito en textos que se reconocerían como Libros canónicos: predicación que se llamó posteriormente Tradición apostólica.

Es interesante advertir que, por tanto, la idea en la Iglesia de esta Tradición como Palabra oral base de la Palabra escrita neotestamentaria es muy antigua, no nace solo hacia la mitad del siglo II como criterio para la fijación del canon.

También es notable que ya en el año 95 la autoridad del obispo de Roma (del papa) sobre las otras iglesias tenga cierto reconocimiento, dado que Clemente no duda en escribir reproches y exhortaciones a una comunidad dirigida por otro obispo.

---

[43] Giuliano Vigini, *Lettere e Apocalisse. Con testo e note di commento a fronte*, Paoline Editoriale Libri, Figlie di San Paolo, 1998

IV - EMPIEZA LA LUCHA: APOLOGISTAS Y PADRES DE LA IGLESIA: NOTAS

El historiador del siglo II-IV Eusebio de Cesarea escribía en su *Historia de la Iglesia*, compuesto durante un largo lapso de tiempo, entre 14 y 20 años: «Cuando ya las iglesias resplandecían brillantísimas sobre toda la tierra y la fe en el Salvador y Señor nuestro Jesucristo florecía en todo el género humano, el demonio adversario del bien, enemigo de la verdad y de la salvación eterna del hombre, dirigió todas sus maquinaciones contra la Iglesia, hacia la cual ya en el pasado había dirigido desde el exterior las armas de las persecuciones. Pero, como estas le habían sido vedadas, se sirvió de hombre malvados e impostores como instrumentos letales para las almas y ministros de la perdición y condujo su lucha con nuevos medios, tramando todos los modos en los que magos y charlatanes se esconderían bajo el mismo nombre de nuestra doctrina, para precipitar en el abismo de la perdición a los fieles a los que conseguía atrapar y para apartarlos con sus acciones del camino hacia la palabra de la salvación pues ya no conocían la fe (capítulo 7, miembro -versículo- 1).[44].

A pesar de las muchas llamadas neotestamentarias a la pureza evangélica, a guardar el depósito de la fe contra la gnosis mística, desde los primeros decenios del siglo II se difunde el gnosticismo cristianizante. A Eusebio le parecerá una etapa de la lucha del diablo y los suyos contra los pertenecientes a la verdadera Iglesia. Históricamente se trata, al formarse opiniones diversas dentro del proceso de helenización del cristianismo, de las divergencias entre las muchas sectas gnósticas, por un lado, y, por otro, la fiel a al estricto monoteísmo de la Escritura antigua, que los historiadores llamarán la Gran Iglesia, una comunidad única antes del cisma del año 1054 entre católicos y ortodoxos.

Contra los gnósticos se levantan primero los apologistas y luego los Padres de la Iglesia y otros escritores cristianos, pero

---

[44] Tomado de la traducción italiana: cf. Eusebio de Cesarea, *Storia della Chiesa*, traducido por monseñor Giuseppe Del Ton, Ascoltalibri Edizioni, publicado también en e-book formato kindle (http://amzn.to/2IxMG1p) además de en papel (http://amzn.to/2IALuu3). Como en el original, también en la traducción los libros se dividen en distintos capítulos, con numeración progresiva y acompañados por un subtítulo. Como en los libros bíblicos, para facilitar la cita, en todos los capítulos cada miembro, o versículo si se prefiere, se numera progresivamente.

algunos (no entre los Padres) se ven afectados por el enemigo, por lo que su cristianismo presenta a veces algunas sombras con respecto al clásico, que se puede llamar original o incluso ortodoxo si no se confunde con la autodefinición de la bastante posterior Iglesia cismática homónima; además, algunos de esos escritores antiguos se pasan al gnosticismo, con el apologista Taciano entre los primeros.

Esta obra no es una historia del cristianismo. Me limitaré a bosquejar esa lucha.

Triunfa el concepto griego de alma-esencia:

a) Apologistas del cristianismo

Los llamados apologistas cristianos son Justino de Flavia Neápolis en Samaria, Cuadrato de Roma, Arístides y Atenágoras de Atenas, Taciano de Siria, Teófilo de Antioquía, Apolinar de Hierápolis, Melitón de Sardes, Aristón de Pella, Hermias, Milcíades y el autor anónimo de la *Epístola a Diogneto*. Algunos escriben a los años 130-140 y los demás en la segunda mitad del siglo II y las primeras décadas del siguiente.

Todos usan estrictamente las categorías de las filosofías estoica y platónica. El concepto de Logos en este caso, a diferencia de Juan, no se entiende de acuerdo con la doctrina judaica, sino en sentido helénico. Para los apologistas, los *logoi spermatikoi* son los gérmenes del Logos divino que crea, pero, al contrario que los filósofos griegos y los gnósticos, para los apologistas son gérmenes destinados enteramente a la Verdad de Dios por su propia naturaleza, es decir, de acuerdo con la voluntad del Creador y también lo que es materia tiene un fin en el Bien divino. Según ellos, rige la equivalencia múltiple Bien = Bueno = Verdad = Justicia = Amor, un poco como la entiende esencialmente Platón y no de manera distinta al concepto judío de sabiduría de Dios como Bien Absoluto que encontramos en Juan. Para los apologistas, la Revelación está de hecho ya presente en el pensamiento helénico, para el cual no solo los justos del Antiguo Testamento, sino también los filósofos griegos que buscaban la verdad eran salvos en Cristo, porque de alguna manera ya eran partícipes del Logos-Jesús. Todos tienen el objetivo de demostrar que el cristianismo con su amorosa salvación en Cristo y plenitud y fin último del género humano, es la filosofía llevada a su máximo, es la verdadera gnosis, el verdadero conocimiento. Dialogan con los doctores del paganismo culto, ya sea para explicarles los motivos de su conversión o para responder a las calumnias y prejuicios que circulan contra los cristianos. Para su objetivo de evangelización no dudan en recurrir incluso a una imagen del mundo que proviene de religiones y cultos mistéricos griegos y orientales, que eran conocidos al ser ideas difundidas en el entorno del que procedían y que muchos de ellos habían tenido como propias: no es casualidad que su conversión hubiera requerido recorrer un camino muy largo. Las ideas y los lenguajes gnósticos y herméticos resultaron útiles para los apologistas para abrir en particular un diálogo con expositores de la gnosis y defender el mensaje evangélico en ese círculo. Tal vez también se base en esto la idea errónea de algunos críticos de que el cristianismo deriva del gnosticismo; pero sabemos que ya en el inicio del siglo II los principios de la predicación apostólica, es decir, del cristianismo de la Gran Iglesia, ya estaban escritos en esos Libros que llamamos el Nuevo Testamento y que, hacia el año 150, comenzaron a ser definidos como sagrados en una epístola de Policarpo a los filipenses, al llamar precisamente sagrada a la Epístola de Pablo a los Efesios. Además, hay que señalar que los apologistas, a pesar del recurso al pensamiento griego, en el fondo no modifican la naturaleza de la doctrina cristiana: la acusación que alguno hace de haber falsificado el Evangelio no es correcta. Por el contrario, la verdad es que, con problemas pendientes aún hoy, los apologistas y los posteriores pensadores cristianos se han limitado a helenizarlo y que, sobre todo en Occidente, hasta el concilio Vaticano II, durante muchos siglos se ha ocultado la conciencia del pleno carácter hebreo de Jesús, de Pablo y de los demás apóstoles.

Aunque el concilio Vaticano II fijó la mirada de la Iglesia sobre el cristianismo de los orígenes, en el entorno católico hay quien siente la necesidad de ir más allá, tal vez mediante otro concilio, para aclarar mejor, entre otras cosas, delante del mundo y no solo en el campo teológico, la situación de la persona condenada en el ámbito de la cuestión del alma. Lo esencial del principio de la resurrección de los justos, a pesar de la platonización del cristianismo, quedaba y queda a salvo, aunque se acompañe con la idea de una eternidad de sufrimiento consciente del alma condenada y, con ella, del cuerpo, algo que hoy en día parece, con no pocas polémicas, opuesto a la bondad absoluta de Dios: ver, por ejemplo, el libro *El cisma soterrado*, del filósofo católico Pietro Prini[45] y es un problema que no sería tan candente siguiendo la concepción judeocristiana de la resurrección gloriosa y transformación en espiritual del cuerpo del justo, es decir, de quien ama y quiere ir a Dios, y de la muerte eterna de pecador-odiador de Dios de los hombres. La idea de una resurrección eterna también para los condenados puede deberse a una interpretación demasiado literal de ciertos pasajes del Apocalipsis y de los Evangelios.

> Se pueden ver en este sentido los libros divulgativos ya citados de Guido Pagliarino, *Espíritu, alma y persona. De la antigüedad griega y hebrea al mundo cristiano contemporáneo*, Tektime, y *La transformación - Sobre el cuerpo glorioso espiritual y sobre la nada eterna infernal: según la antropología cristiana en los siglos I y II*. Remito además al lector que quiera profundizar más a *Teología de los tres días*[46] del teólogo católico Hans Urs von Balthasar, donde se habla del tema del descenso de Jesús al Hades antes de la resurrección, en el sentido de la muerte real de Cristo.

Por tanto, en la segunda mitad del siglo II la sensibilidad judía de la primera Iglesia que considera al hombre un cuerpo animal racional gracias a Dios, cuerpo humano que, al morir en Gracia, se transforma en cuerpo glorioso espiritual, siempre dotado de razón individual, empieza a difuminarse y rápidamente, desde el siglo III, la Iglesia se platoniza totalmente. El concepto de la resurrección solo del cuerpo escandalizaría de tal manera a los grecorromanos cultos de ese siglo hasta el punto de no permitir a ninguno convertirse en cristiano, incluidos los apologistas. Por eso entra con prepotencia en el cristianismo el concepto griego de alma-esencia, aunque para los helenos cristianos, a diferencia de los filósofos helenos y los gnósticos cristianizantes, también resucita el cuerpo. La resurrección también del cuerpo es uno de los puntos más fuertes de la polémica entre apologistas cristianos y gnósticos cristianizantes. Estos últimos son muy hostiles al Dios de la antigua Escritura y critican la idea de la herencia hebrea del cristianismo. Por tanto, hay apologistas que, en respuesta, incluso usando los mismos temas que sus colegas, desarrollan un enfrentamiento sobre todo con el judaísmo más que con el politeísmo grecorromano, para indicar que el judaísmo ya se ha

[45] Pietro Prini, *El cisma soterrado: El mensaje cristiano, la sociedad moderna y la Iglesia Católica*, 2003, Editorial Pre-Textos.

[46] Hans Urs von Balthasar, *Teología de los tres días*, traducción de José Pedro Tosaus Abadía, 2002, Ediciones Encuentro.

convertido en cristianismo, que lo antiguo ya no tiene razón de ser al estar ya superado y no hay que confundir la nueva religión con la vieja. Eso lleva a una fuerte polémica, no solo con los gnósticos, sino también con los rabinos hebreos.

Entre los primeros apologistas en el tiempo encontramos a Justino Mártir (nacido ca. 100 y martirizado entre el 165 y el 167). La sustancial fidelidad al Evangelio de amor y salvación no le impidió
creer, durante toda su vida, en la preexistencia platónica de las almas y en sus sucesivas reencarnaciones.

Además, como hemos dicho, otro de los principales apologistas, Taciano de Siria, ya discípulo de Justino en Roma, caerá de lleno en el gnosticismo y fundará en el año 172 en Oriente su iglesia gnóstico-encratista; será el más famoso tránsfuga del cristianismo, pero no el único.

b) Padres de la Iglesia y otros defensores de la Tradición apostólica

Después de los apologistas se yerguen como defensores, algunos ya en la segunda mitad del siglo II y los demás en los siglos sucesivos, destacando entre ellos Ireneo, obispo de Lyon (130-202), algunos escritores eclesiásticos y, entre ellos, los Padres de la Iglesia, titulo este que identificará en la Historia eclesiástica a aquellos escritores antiguos, tanto occidentales como orientales, que no se limitan a la defensa de la Iglesia, sino que proponen una profundización teológica en el patrimonio de la fe, de acuerdo con las creencias de todos los cristianos en todo lugar y desde el inicio, a partir de la base estricta de la Revelación, ya sea tradicional o escrita, del siglo I, además de la veterotestamentaria y poseen todas, y no solo alguna, de las siguientes características: santidad de vida, antigüedad de sus obras y ortodoxia según el sentimiento común tradicional de los primeros cristianos con la consiguiente aprobación eclesiástica (de la generalidad de los cristianos, no solo de los obispos).

Los Padres occidentales de la Iglesia son Ambrosio, Jerónimo, Agustín y Gregorio Magno, los orientales Basilio el Grande, Gregorio Nacianceno, Juan Crisóstomo y Atanasio, pero este último no es reconocido por tal por ortodoxos, sino solo por los católicos.

Uno de los teólogos más importantes del siglo II-III, Tertuliano (160-220) no recibirá de la Iglesia el título de Padre, aunque se lo cite habitualmente en la prensa como tal, porque en los últimos años de su vida deviene herético, entrando a formar parte de la secta ultrarrigorista, entregada al éxtasis y, en ciertos aspectos, a la magia, del sacerdote Montano. Aun así, Tertuliano tuvo enormes méritos, entre ellos precisamente el de haber afirmado, como los Padres, que lo que no estuviera en la tradición apostólico no sería cristiano, sino herético. En particular, combatió a los gnósticos escribiendo *De praescriptione haereticorum; Adversum Marcionem*, objetándoles: a) Cristo solo ha encargado a los apóstoles proclamar su doctrina y, por tanto, no existe ninguna revelación cristiana secreta revelada a otros seres humanos; b) Los apóstoles han encargado su predicación solo a las iglesias que ellos han fundado y están dirigidas por los jefes nombrados por ellos; por tanto, todos los cristianos deben estar de acuerdo con lo que es una fe común en estas iglesias apostólicas. Aparte de su caída final en la herejía de Montano, hay también un consenso unánime entre sus escritos y los de los Padres sobre argumentos esenciales como la bondad del creador, la identidad de Cristo con el mesías anunciado por las antiguas Escrituras, su divinidad y humanidad reales, la continuidad entre Antiguo y Nuevo Testamento, los iguales valores de las tres Personas trinitarias y su ser como Dios único y la condena del paganismo y sus prácticas mágicas. Pero a la jerarquía eclesiástica le desagradó enormemente que, después de 207, con *De pudicitia* y otras obras, Tertuliano atribuyera solo a los «hombres espirituales» y no a la Iglesia apostólica el derecho a perdonar los pecados y hubiera predicado ayunos famélicos, inhumanos, adhiriéndose a ese montanismo que, entre otras cosas, contaba en sus filas con sacerdotisas-profetisas dedicadas a extraños ritos y tenía entre sus puntos fuertes la idea de una inspiración mística del Espíritu Santo en los «espirituales» con la consiguiente capacidad profética, considerada por los seguidores como Palabra de Dios a la par con la de la Biblia. Quién sabe: ¿tal vez esos presuntos espirituales sufrían de alucinaciones debidas a lo excesivo de sus ayunos?

Tampoco se incluirá entre los Padres de la Iglesia al enorme escritor eclesiástico Orígenes, nacido en el año 185 y muerto en el 253 o 254 y discípulo de Clemente de Alejandría. Algunas de sus ideas distintas de las de la tradición cristiana y, en ciertos aspectos, no lejanas de las gnósticas, aunque pretendan ser antignósticas, se anatemizarían en el siglo V. Igual que Justino, cree en la apocatástasis (reintegración final) de todo lo creado y en la preexistencia de las almas, de lo que escribe en *De principiis* en torno al año 230: allí afirma, sobre el pensamiento platónico, que las almas humanas existían antes que los cuerpos, junto a otros seres espirituales previos al mundo material; todos ellos usaron su libre albedrío para desprenderse de Dios, sobre todo los demonios y por eso fueron expulsados al infierno; los ángeles (o arcontes) por muy poco, por lo que se habían separado de Dios, pero permanecían en el cielo; finalmente, los hombres, almas que habían pecado de un modo intermedio, habían sido condenados a estar recluidos en cuerpos y a vivir sobre la tierra. Orígenes imagina un largo camino de vuelta de las almas humanas, entendido espiritualmente y no solo psíquicamente, a través de renacimientos en mundos sucesivos cada vez menos materiales y cada vez en el mismo cuerpo, pero renacido cada vez menos corpóreo y más etéreo; su concepción no se debe, por tanto, confundir con la idea clásica de las almas en distintos cuerpos, concepto al que también él se opone; la meta es la reintegración final en Dios de todo lo creado, ya convertido en completamente espiritual, puro e invisible. Para Orígenes, todos se salvarían, contra la idea gnóstica de que solo lo harían los iluminados-pneumáticos y los demás estarían destinados a la muerte eterna. La Iglesia condena además su *subordinancionismo*, según el cual las tres Personas de la Trinidad no son del todo iguales: para Orígenes solo el Padre no es engendrado, mientras que el Hijo sí lo es, en el sentido de creado, por el Padre con el objetivo de ser el intermediario con los muchos seres espirituales creados por él, incluidas las almas humanas. El Espíritu Santo deriva del Hijo y tiene el objetivo preciso de iluminar y sostener a los santos.

A través de Plotino, ¿influencia gnóstica sobre el cristianismo?

También el filósofo no cristiano Plotino, fundador del neoplatonismo junto a su maestro Amonio Sacas, escribe un tratado contra el gnosticismo.

Se enfrenta los gnósticos Adelfio y Aquilino, que se valen de textos de revelaciones atribuidas a las figuras de Zoroastro, Zostriano, Alógenes, Meso, textos encontrados en Nag Hammadi.

Además, contesta a un *Apocalipsis de Nicoteo* gnóstico del cual se tienen noticias por el tratado *Sobre la letra omega* del pseudo-Zósimo.

Pero, según Christie-Murray,[47] su propio pensamiento está influido por el gnóstico y, para este historiador, como el neoplatonismo luego será utilizado por cierta teología cristiana, por esta vía se insinúa en el cristianismo.

Veamos:

Para Plotino, hay tres personas (hipostasis) divina: el Uno, incognoscible y del que todo emana, que, a diferencia del Dios cristiano no elige crear el mundo, porque esta hipostasis no contiene pensamiento positivo, aunque sea su fuente; el Intelecto, que emana de la primera hipostasis y que a pesar de la unidad, implica ya diversidad entre intelecto y múltiples potenciales cosas inteligibles; y el Alma, que es una fuerza cósmica que deriva y transforma los inteligible en los sensible, genera el tiempo y mantiene en relación los existente, no solo con el Intelecto, sino, por ello, incluso con el Uno. El Alma tiene dos caminos y es atraída por ambos: o rompe la armonía del cosmos dirigiendo en exceso su interés a lo sensible (el mal) o, al contrario, se vuelve a la belleza del mundo de las ideas para mantener la armonía (el bien).

Plotino influye en los teólogos cristianos subordinacionistas, convencidos de que hay una jerarquía entre las tres Personas trinitarias, pero no en los teólogos para quienes las Personas de la Trinidad de Dios son divinidades y eternidades iguales.

> Si se acepta, a partir de la confianza en la Iglesia que fijó, aunque sea informalmente, el canon neotestamentario en el siglo II, que todo lo contenido en el Nuevo Testamento se corresponde con la predicación apostólica y, por tanto, al credo de los cristianos del siglo I, podemos pensar que estos ya consideraban sustancialmente a Dios como uno y trino y atribuían el mismo rango a las tres Personas. Cristo en el Evangelio presenta muchas veces su identidad con el Padre. Señalo un versículo de Juan. Estamos durante la Última Cena y el apóstol Felipe ha pedido a Jesús que le haga ver junto a los presentes al Padre: «Jesús le respondió: "Felipe, ¿hace tanto tiempo que estoy con vosotros y todavía no me no me conocéis? El que me ha visto, ha visto al Padre. ¿Cómo dices: 'Muéstranos al Padre'?"» (Juan, capítulo 14,

[47] Se puede leer, traducido al italiano, de David Christie Murray *I percorsi delle eresie. Viaggio nel dissenso religioso dalle origini all'età contemporane*, traducido por M. Buzzoni, 1998, Rusconi.

versículo 9). En lo que se refiere a la tercera Persona, ya he señalado que en los Hechos de los Apóstoles se cita por igual al Espíritu Santo y al Espíritu de Jesús. Pablo y su discípulo Timoteo están de viaje: «Como el Espíritu Santo les había impedido anunciar la Palabra en la provincia de Asia, atravesaron Frigia y la región de Galacia. Cuando llegaron a los límites de Misia, trataron de entrar en Bitinia, pero el Espíritu de Jesús no se lo permitió». (Hechos, capítulo 16, versículos 6 y 7). Surgieron innumerables discusiones teológicas sobre la Trinidad y la naturaleza de Cristo basadas en la filosofía griega desde finales del siglo II y duraron hasta el siglo V. A través de diversos concilios, desde el primero de Nicea, las peleas acabaron concluyendo, al menos para Occidente, solo después del segundo concilio de Constantinopla del año 381 para el primer problema, llegando al Credo niceno–constantinopolitano, que es esencialmente el que aún hoy se recita en el catolicismo; y con el concilio de Calcedonia del 451 para el segundo problema. Después de siglos, se consigue definir, con el difícil lenguaje del pensamiento helénico, lo que ya era un sentimiento espontáneo de los primeros cristianos.[48]
Por otro lado, todavía hoy está abierta la discusión sobre si el Espíritu procede del Padre al Hijo y del Hijo vuelve al Padre (Oriente ortodoxo) o del Padre y del Hijo *al mismo tiempo* (Occidente católico), lo que me parece que no supone una diferencia sustancial, dado que tanto para Occidente como para Oriente las tres Personas tienen igual divinidad y *eternidad* y no es una cuestión de antes y después.

Puede ser interesante señalar, siempre a propósito de la filosofía de Plotino, que el Padre de la Iglesia san Agustín pasa provechosamente por el neoplatonismo milanés antes de su conversión al cristianismo, que se produce gracias a san Ambrosio, obispo de Milán que le hace leer provechosamente a san Pablo. Pero su primer paso en su conversión es precisamente Plotino, cuyo pensamiento lo aleja del maniqueísmo: El platonismo pagano, tal y como él lo conocía, sufría de un mal fatal: la contradicción entre la verdad teológica y el error idolátrico; por el contrario, el cristianismo lleva a cabo la conformidad de la práctica

---

48 Recomiendo la lectura de las siguientes obras para quien quiera profundizar en el tema: A cargo de Gerardo Di Nola, *Lo Spirito Santo nei Padri, secoli I-V*, Città Nuova Editrice, 1999; Johannes Quasten, *Patrología* (dos tomos, Biblioteca de Autores Cristianos, 2000); AA.VV., principalmente Angelo di Berardino, *Patrología* (tomo III, Biblioteca de Autores Cristianos, 2000).

y la teoría, gracias a la autoridad soberana de Cristo, Verbo encarnado.

Cuando Agustín se convierte, en el año 386, ha encontrado en el cristianismo la verdad del platonismo. Nunca ha pensado en buscar en el platonismo la verdad del cristianismo (cf. Aldo Moda, «Agostino e la sua eredità», *Nicolaus, Rivista di Teologia ecumenico-patristica*, Bari, año XXVIII, 2001, fascículo 1-2).

Es más bien por su concepto del alma humana en sí, como esencia espiritual, por lo que san Agustín pudo estar influido por Plotino que, igual que Platón, había hecho de las verdades eternas la capa subyacente y de las cuales había excluido la corporeidad afirmando la esencialidad y había ilustrado la inmortalidad de esta alma personal (cf. Aldo Moda, Prólogo a *Soliloqui e Confessioni di sant'Agostino*, Classici delle religioni, La religione cattolica, UTET, 1997).

En cuanto a la influencia del gnosticismo sobre Plotino, yo diría que el concepto de Alma que rompe la armonía no me parece coincidir con el gnóstico del Demiurgo. En todo caso se podría advertir que, igual que en los gnósticos (y los herméticos), tampoco para Plotino basta el pensamiento discursivo para alcanzar el Uno, sino que es necesario sumergir intuitivamente la razón en el éxtasis.

V - CRISTIANOS INCONSCIENTEMENTE GNOSTICANTES: NOTAS

Para el cristianismo, todo lo creado es bueno: «Dios miró todo lo que había hecho, y vio que era muy bueno» (Génesis, capítulo 1, versículo 31); por tanto, también el cuerpo humano y todo el resto de la materia, al haber sido hechos por Dios. Jesús no vino a traer el dolor y las privaciones, sino la alegría, encargándonos recrear todo lo posible sobre esta tierra, con el amor, el mítico Edén, no eso de autoflagelarnos simbólicamente, cuando no incluso en sentido material. Naturalmente, la caridad tiene muchas veces como consecuencia el sufrimiento de su autor y esto es algo bueno para un cristiano porque se dirige al bien, según la imitación de Cristo. Ir a buscar el dolor por el dolor es, por el contrario, antinatural: no lo hizo Jesús, sino que esperó que se lo evitaran, como sabemos por los Evangelios: lo ha esperado ardientemente según los tres sinópticos, con una cierta aquiescencia para Juan:

> *Mateo, capítulo 26, versículo 39*: «Y adelantándose un poco, cayó con el rostro en tierra, orando así: "Padre mío, si es posible, que pase lejos de mí este cáliz, pero no se haga mi voluntad, sino la tuya"». *Marcos, capítulo 14, versículo 36*: «Y decía: "Abba –Padre– todo te es posible: aleja de mí este cáliz, pero que no se haga mi voluntad, sino la tuya"». *Lucas, capítulo 22, versículo 42*: «Padre, si quieres, aleja de mí este cáliz. Pero que no se haga mi voluntad, sino la tuya». *Juan, capítulo 12, versículo 27*: «Mi alma ahora está turbada, ¿Y qué diré: "Padre, líbrame de esta hora"? ¡Sí, para eso he llegado a esta hora!»

Sobre el ayuno y las diversas penitencias

El cristiano ha de ayunar, sí, pero muy excepcionalmente, como forma de adoración a Dios en el recuerdo del sufrimiento de Jesús, pero sin agotarse, porque Cristo no dijo que debilitáramos el físico: para el cristianismo el cuerpo sano es un bien precisamente porque es un don de Dios y también porque el cuerpo saludable sirve mejor para hacer el bien. La Iglesia establece, solo para los jóvenes y sanos, solo dos días de ayuno al año, el miércoles de ceniza, que inaugura la cuaresma, y el Viernes Santo, que precede la Pascua de

Resurrección. No se trata de humillar el propio cuerpo, como hacen por el contrario los gnósticos que, despreciando el cuerpo material, en parte lo vejaban con renuncias estrictas y en parte lo ensuciaban con depravaciones lúbricas. Tampoco nadie predica hoy que Cristo haya prescrito a sus discípulos la práctica regular del ayuno. ¿Estamos seguros de esto? De la oración sí, sin duda, pero ¿también del ayuno? Jesús habla de ayunar cuando se acerca a su muerte: «Entonces se acercaron los discípulos de Juan y le dijeron: "¿Por qué tus discípulos no ayunan, como lo hacemos nosotros y los fariseos?" Jesús les respondió: "¿Acaso los amigos del esposo pueden estar tristes mientras el esposo está con ellos? Llegará el momento en que el esposo les será quitado, y entonces ayunarán"» (Mateo, capítulo 9, versículos 14 y 15; igualmente en Marcos, capítulo 2, versículos 18 a 20 y en Lucas, capítulo 5, versículos 33 a 35): no se trata de una prescripción, sino de una observación: cuando una persona sufre una pérdida luctuosa, ¿no tiene hambre? Seguramente no, es verdad que en los primeros días no come, hasta el punto de que no es infrecuente que parientes y amigos piadosos le empujen a ello. Por tanto, es una mera señal de luctuosa adoración hacia el Crucificado muerto todavía no resucitado por lo que, en periodo de Cuaresma la Iglesia prescribe dos días de ayuno: no con el objetivo de una humillación física personal. Ya, ¿no se lee acaso la orden a los discípulos en Marcos? ¿No dice Jesús a los suyos en este Evangelio, reprendiéndolos, que para estar en situación de expulsar a ciertos demonios (enfermedades) hay que rezar *y ayunar*? Así quedó claro durante siglos y así se hizo, con ciertos religiosos llegando al agotamiento y hasta que no se aclaró, gracias a los nuevos estudios bíblicos resultantes del concilio Vaticano II, que mientras que la obligación de rezar era segura, la de ayunar no, porque eso solo se podía leer en una copia relativamente tardía de Marcos y no el las precedentes que tenían los mismos versículos: se trataba de una interpolación posterior a la redacción original, por parte de un copista personalmente seguro de que ayunar era algo magnífico. Hoy, en la última traducción de Marcos desde el griego, no encontramos ya la obligación del ayuno, solo la de la oración.

Leamos lo que ha escrito y dicho en varios libros y conferencias el biblista padre Alberto Maggi, director del Centro de Estudios G. Vannucci de Montefano:

> «El ayuno vio su edad de oro en el pasado gracias a la interpolación de un versículo del Evangelio de Marcos. Todavía hoy (aunque hace

ya más de 20 años desde que el versículo se ha devuelto a su forma original) se puede oír a gente que, para valorizar (u obligar) el ayuno religioso no dudan en citar (por cierto, extrapolándolo de su contexto) Marcos 9:29: "Esta clase de demonios se expulsa sólo con el ayuno y la oración", cita inexacta, ya sea porque pone en primer lugar el ayuno, mientras que el texto indicaría eventualmente primero la oración y luego el ayuno ("con la oración y el ayuno": *nisi in oratione et ieiunio - Vulgata*[49] -), o porque en el texto original está ausente la palabra *ayuno*. Ni la prestigiosa Biblia de Jerusalén, ni en la modesta versión de la conferencia episcopal, ni en la novísima de las paulinas, aparece *ayuno*. Los textos del Evangelio que son la base de las traducciones en lenguas vulgares como el *Novum Testamentum Graece* y *The Greek New Testament* de Aland terminan con *oración*, eligiendo la *lectio brevior* atestiguada en códices prestigiosos como el Sinaítico, el Vaticano y el Clemente Alejandrino. La adición posterior de *y con el ayuno* se debe a la importancia que asume este en el monacato medieval, pero no se encuentra en el texto original».[50]

No se ayuna penitencialmente, sino que se ejercita hacia el prójimo el amor de una persona que se presenta como fiel seguidor de Jesús, es decir, como cristiana si es bautizada o de hecho cuando no lo conozca o incluso, cuando, de buena fe, no lo reconozca como Salvador: «Os doy un mandamiento nuevo: amaos los unos a los otros. Así como yo os he amado, amaos también los unos a los otros. En esto todos reconocerán que sois mis discípulos: en el amor que os tengáis los unos a los otros» (Juan, capítulo 13, versículos 34 y 35).

Aun así, ha habido a lo largo del tiempo cristianos que han asumido y otros que todavía hoy asumen una actitud más gnóstica que cristiana. De hecho, el rigor y a veces la violencia con la que se ha tratado durante siglos el cuerpo en las diversas Iglesias cristianas en Occidente y en Oriente, con la idea de que el ser humano es fundamentalmente malvado debido a la materia de la que está compuesto, tiene un punto gnóstico. Esa intransigencia ha llevado, no solo a ayunos extenuantes, sino a cosas que van de la práctica de la flagelación a la de otras torturas impuestas o autoimpuestas, como caminar de rodillas sobre piedras y cascotes.

[49] La *Vulgata* es la antigua traducción al latín de la Biblia de san Jerónimo, utilizada como base durante muchos siglos, antes de las vulgarizaciones en lenguas modernas, en lugar de la original en griego, hasta las recientes traducciones tras el concilio Vaticano II.

[50] Se puede leer el texto completo en italiano, titulado «Ayuno», descargable gratuitamente en formato PDF, en esta dirección de Internet: https://www.studibiblici.it/appunti/Digiuno.pdf.

¡La horrenda práctica de la autoflagelación todavía está viva hoy durante algunas procesiones periféricas latinas y orientales! Por ejemplo, tenemos los *vattienti* en Nocera Terinese, en Calabria, penitentes que, entre el jueves y el sábado santo, se autofustigan con flagelos con piezas de vidrio, llegando a sangrar y recorren todo el pueblo visitando a parientes y amigos: ese horrible rito fue prohibido tanto por las autoridades religiosas como por las civiles, pero, inexplicablemente, reapareció en 1977 sin hacer tenido más obstáculos desde entonces.

El pensamiento gnóstico que se infiltró en ciertas ramas de la Iglesia ha llevado por otro lado a un desagrado injustificado hacia el acto sexual, aunque para el cristianismo la sexualidad es un bien querido por Dios, que ha creado al ser humano (*hombre y mujer los creó*, precisa el Génesis a propósito del único Adán) sexuado y no *angélico*.

Más sobre la influencia del pensamiento gnóstico sobre cristianos y supuestos cristianos

Tengamos presente que el cristianismo es monista, no dualista: el bien viene de Dios y de Dios solo viene bien, incluida la libertad humana; su abstención de intervenir para impedir el pecado resulta de la libertad que ha concedido al hombre para elegir entre la justicia y el pecado, dándole así dignidad de persona en vez de crearlo como una especie de miserable títere. La caída del hombre se atribuye en el cristianismo, como ya pasaba en el judaísmo ortodoxo, a su libre albedrío, aunque sea consecuencia de la tentación de la serpiente diabólica, a la que Dios permitió poner a prueba a Adán (es decir, al Hombre, al ser humano de cualquier tiempo). No se trata de la culpa de algo externo al ser humano, como pasa por ejemplo en el libro apócrifo judaico de Enoc, en el que el pecado original puede atribuirse a ciertos ángeles.

> El Libro de Enoc (Enoc es en la Génesis canónica el biznieto de Noé) es un texto tardío entre el siglo I a.C. y el I d.C., que se divide en seis secciones, de las cuales las dos primeras hablan precisamente de los pecados de los ángeles y de los de sus hijos generados con mujeres, gravísima omisión esta que recayó sobre todos los seres humanos, causando su condición miserable, pues esos coitos antinaturales habrían contaminado la especia adamítica; estas dos primeras partes se titulan respectivamente Libro de los

Vigilantes, que narra la caída de los ángeles llamados vigilantes, que, pecando en la tierra con mujeres, han contaminado a los seres humanos, y el Libro de los Gigantes, es decir, de los hijos de los vigilantes, de los que toma su nombre la obra, hablando luego de su exterminio en el diluvio universal junto a todos los demás seres humanos pecadores. Las otras cuatro secciones tratan diversos argumentos y son: el Libro de la Astronomía, en el que se une un calendario solar de solo 364 días a un calendario lunar; el Libro de los Sueños, en el que se habla del diluvio y se presenta la Historia del mundo, evidentemente mítica, desde la Creación, completándola con un futuro imaginario en el que se instaurará el Reino de Dios; la Epístola de Enoc, testamento espiritual en el que el patriarca antediluviano comunica profecías y muestra admoniciones a los hijos y el Libro de las Parábolas, la parte más reciente, que no es improbable que sea una sección añadida solo en el siglo I d.C. en un entorno judeocristiano, en la que se tratan diversos temas, como las distintas clases de ángeles, meteorología y astronomía y, lo más importante, se habla de una figura de un Hijo del Hombre, un mesías enviado por Dios para salvar a los hombres, personaje que ya está presente en el capítulo 7 de libro canónico veterotestamentario de Daniel; no es improbable, precisamente por esta figura, que en cierto entornos de la Iglesia de los primeros siglos el libro de Enoc fuera considerado como inspirado, para ser posteriormente excluido del conjunto de los textos canónicos.

No se trata tampoco del encarcelamiento del espíritu de los hombres en cuerpos materiales como indica el gnosticismo y, antes aún, Platón., provocado por un demiurgo, ya sea la figura clásica del Artesano platónico o el gnóstico Yahvé o, ya en época medieval, el diablo de la herejía cátara.

También hay en la Iglesia quien cree, más o menos inconscientemente que la culpa de todo no es del hombre, sino de la serpiente diabólica. El diablo[51] se ha considerado muchas veces tan poderoso como para ser visto como un contradiós del mal, en batalla con Dios hasta el día del Juicio Final: hoy creen eso los más simples del pueblo cristiano, en el sentido de los menos informados sobre el cristianismo y no necesariamente en el de ignorantes de otros temas; en el pasado era así incluso entre la jerarquía eclesiástica, al menos en los niveles más bajos, y esto aún después de la condena oficial, en el concilio de Letrán del año

---

[51] Un tratamiento más completo del asunto de los *diablos* se puede leer en el ensayo divulgativo de Guido Pagliarino *Diavolo e demòni (un approcio storico)*, e-book y libro y audiolibro, Editrice Tektime.

1215, de la existencia de un principio del mal, por otro lado negado en teología no solo muchos siglos antes del Padre de la Iglesia Agustín, sino antes de él en la Tradición: monismo, para ser exactos. Hoy, durante el bautismo y con ocasión de la misa pascual, se usa la fórmula de pregunta: «¿Renunciáis a Satanás, origen y causa de todos los pecados?», que puede generar dudas entre los fieles, tanto porque el pecado despende de la libertad del hombre, mientras que el diablo, comoquiera que se entienda, depende de la tentación, como porque la causa de todo está solo en Dios; esto es tan cierto que ciertos entornos teológicos sugirieron modificar la fórmula en un sentido más claramente monista. Muchos creen que, aunque finalmente cayera en el «estanque de fuego y azufre» como dice el Apocalipsis, el diablo continuará viviendo eternamente; en otras palabras, su actividad malvada no se limita a toda la Historia, que puede recorrer eternamente adelante y atrás, tentando al hombre, Historia que está eternamente presente en Dios, y en este sentido particular el demonio *vive eternamente*, pero continúa siendo también algo distinto de lo inmanente en el Más Alla y la expresión Más Allá es sinónimo de trascendente, ¡es decir, de Dios mismo! Sería como decir que el pecado es eterno, junto al Bien eterno de Dios: una concepción peligrosamente próxima al dualismo.

Notas sobre el infierno como aniquilación del pecador

En el siglo XX, y con voz más alta en los tiempos del concilio Vaticano II, en el entorno teológico católico se empezó a escribir sobre el infierno según el pensamiento de la Iglesia en sus primeros 150-200 años de existencia, es decir, como la nada en la que se aniquilan el pecado y los pecadores impenitentes.

> Lo he aclarado más en el ensayo *Espíritu, alma, persona. De la antigüedad griega y hebrea al mundo cristiano contemporáneo*, Tektime, 2018: « Los escritores eclesiásticos más antiguos, los llamados padres apostólicos, que escribían a caballo entre el siglo I el II, no se crean problemas, siguen tranquilamente los pasos de la tradición judía farisea y de Pablo, para los cuales, como sabemos, el ser humano es un conjunto indistinto de cuerpo animal y psique capaz de pensar y querer a Dios, encarnado en la presencia del espíritu divino en él y, gracias a Cristo, como escribe Pablo, destinado a transformarse en espiritual después de la muerte, en la

vida eterna. El concepto cristiano más antiguo es sencillo y bastante claro: *quien sigue a Cristo, vive eternamente en él, en la alegría perfecta, y el pecador irreductible muere para siempre*. El apologista cristiano Taciano[52] escribía poco después de la mitad del siglo II, refiriéndose a los griegos que sostenían la pneumicidad y la inmortalidad sempiterna del alma: "Nuestra alma no es de por sí inmortal, sino mortal, pero también es capaz de no morir. De hecho, muere y se disuelve junto al cuerpo, pero si no se conoce la verdad [es decir, Dios, N. del A.], por el contrario, resucitará nuevamente junto al cuerpo en la consumación de los tiempos, para recibir como castigo la muerte de la inmortalidad. Por el contrario, también en el momento apropiado se disuelve, no muere, si ha adquirido el conocimiento de Dios". Por el contrario, los *escritores eclesiásticos* que escriben después de la mitad del siglo II y los *padres de la Iglesia*, en general, cambian de camino».

En el curso de la actual investigación teológica católica sobre la condena se ha considerado que los simbólicos *estanque de fuego y azufre* del Apocalipsis y *geenna* de los Evangelios no eran otra cosa que el físico quemador de basuras de las cercanías de Jerusalén, un espacio abierto ya muy antiguo en el que se hacían hogueras humanas por parte pagana y que hace unos dos mil años no se conocía el principio de que *nada se crea ni se destruye* y todo lo que se quemaba se consideraba que ya no existía más: *geenna* y *estanque de fuego y azufre* eran por tanto respectivamente una palabra y una locución de sentido figurado, indicando la aniquilación del condenado: el tormento del impío en la *geenna* no era subjetivo, sino objetivo, consistía en el no existir más sin siquiera saber que se había vivido: el fracaso total de la vida, algo verdaderamente atroz, yo diría que peor incluso que la condición de los condenados de los que leemos en la espléndida alegoría poética dantesca, los cuales al menos saben quiénes son y recuerdan sus vidas y a sus seres queridos. Se puede cuando menos suponer que el Apocalipsis solo muestra de manera figurada, en el capítulo 20, versículo 10, la pena final del demonio y las demás figuras sombrías de la siguiente manera: «El Diablo, que los había seducido, será arrojado al estanque de azufre ardiente donde están también la Bestia y el falso profeta. Allí serán torturados día y noche por los siglos de los siglos»; esto mismo se puede pensar al leer en el mismo capítulo, versículos 14 y 15, las palabras: «la Muerte y el Abismo fueron arrojados al estanque de fuego, que es

[52] Evidentemente antes de convertirse al gnosticismo, convirtiéndose en un espiritualista elitista.

la segunda muerte. Y los que no estaban inscritos en el Libro de la Vida fueron arrojados al estanque de fuego».

Hoy en día la idea del infierno como aniquilación del pecador humano se presenta los fieles, aunque sea solo como una posibilidad, en ciertos cursos católicos para laicos adultos y no se encuentra solo en las revistas teológicas especializadas. Pero, en general, la enseñanza no es todavía esa, y menos aún en los catecismos para los más jóvenes que hacen la primera comunión y la confirmación.

Se pueden ver sobre esto mis libros, ya citados varias veces, *La transformación - Sobre el cuerpo glorioso espiritual y sobre la nada eterna infernal: según la antropología cristiana en los siglos I y II* y el recién referido *Espíritu, alma y persona. De la antigüedad griega y hebrea al mundo cristiano contemporáneo*.

Muy recientemente también el papa Francisco habría declarado, sin carácter oficial, que la idea del infierno vivido sería solo metafórica, y uso el condicional porque la afirmación no se encuentra en el sitio web del Vaticano, sino que se indica en páginas privadas y en particular de fuentes católicas tradicionalistas que la rebaten con dureza. El Sumo Pontífice habría dicho: «Con humildad, búsqueda interior y la contemplación de la oración, hemos ganado una nueva comprensión de ciertos dogmas. La Iglesia ya no cree en un infierno en el que la gente sufre. Esta doctrina es incompatible con el amor infinito de Dios. Dios no es un juez, sino un amigo y un amante de la humanidad. Dios no busca condenar, sino solo abrazar. Como en la historia de Adán y Eva, veamos el infierno como un recurso literario. El infierno es solo la metáfora para el alma aislada, que, como todas las almas, finalmente se unirá en amor con Dios». Imagino que la afirmación se ha producido realmente, considerando la tormenta que ha desencadenado al respecto en los entornos católicos más conservadores, aunque de hecho el papa Francisco no ha hablado *ex cathedra* declarando así un dogma, por lo que cualquier católico es libre de creer en el infierno vivido típico. En cuanto a mí, compartiría sin duda la primera parte de esa afirmación pontificia, porque no es ciertamente una novedad el infierno no físico y consistente en la caída del condenado en la nada eterna, idea general en los primeros 150-200 años de la Iglesia aún no platonizada. Sin embargo, para mí es discutible la idea del perdón para todos, si ese era el sentido de la afirmación papal sobre el perdón para «el alma aislada, que, como todas las almas, finalmente se unirá en amor con Dios». Ya desde hace mucho tiempo la idea de la Salvación de todos, expresada entre otros escritores eclesiásticos por el gran Orígenes, que, dentro del concepto de apocatástasis, salvaba incluso al diablo, había sido juzgada herética por la Iglesia, aunque solo sea porque es contraria a la libertad de elección concedida por Dios al hombre, incluida aquella de decidir no ir a él, sino aniquilarse en el momento de la muerte; un rechazo que puede ser el único motivo de condena; la nada no es un castigo de un Dios infinitamente bueno y misericordioso, sino que es el resultado de la opción de quien quiera condenarse absolutamente, elección típica de los seguidores de iglesias demoniacas que siguen odiando a Dios hasta el final; por otro lado, que el sentido no era realmente el de que *se salvan todos, sin excluir a ninguno* se puede deducir de lo que dijo el papa Francisco el 8 de marzo de 2015 durante la visita a la parroquia de Santa María Madre del Redentor en Tor Bella Monaca en el tercer domingo de cuaresma; allí, a la pregunta de una joven scout que le había preguntado: «Si Dios perdona a todos, ¿cómo es que existe el infierno?», respondió improvisando: «Dios perdona todo, ¿o no? [Respuesta: ¡Sí! ¡Perdona todo!] Porque Él es bueno, ¿no? [¡Sí! ¡Es bueno!] Él es bueno, Pero sabéis que había un ángel muy orgulloso, que era muy inteligente. Y tenía envidia de Dios, ¿entendéis? Tenía envidia de Dios. Quería ocupar el puesto de Dios. Y Dios quería perdonarlo, pero este decía: "No necesito perdón, ¡me basto conmigo mismo!" Esto es el Infierno: decirle a Dios: "Arréglatelas tú, que yo me las arreglo solo". Al infierno no te mandan. Te vas tú, porque tú decides estar allí. El infierno es querer alejarse de Dios porque no quiero el amor de Dios. Esto es el infierno. ¿Has entendido? Es una teología un poco… fácil de explicar, pero es esto. El diablo está en el infierno porque él lo ha querido: sin ninguna relación con Dios. Pero si tú eres… piensa en un pecador: si fueras un pecador terrible, con todos los pecados del mundo, todos, y entonces te condenan a la pena de muerte y cuando estás allí pronuncias blasfemias, insultos, muchas cosas… Y en el momento de ir allí, a la pena de muerte, cuando estás a punto de morir, miras al Cielo y dices: "¡Señor…!" ¿Dónde vas, al Cielo o al Infierno? Fuerte… [¡Al Cielo!] Vas al Cielo porque había otro que era un ladrón, pero un ladrón de esos… Fue crucificado junto a Jesús. Y uno de esos dos ladrones insultaba a Jesús. Este no creía en Jesús, soportando sus dolores hasta la muerte. Pero en algún momento algo se movió dentro de él y dijo: "¡Señor, ten piedad de mí!" ¿Y qué le dijo Jesús? ¿Te acuerdas de qué le dijo? "Hoy, esta tarde, estarás conmigo en el Paraíso". ¿Por qué? Porque ha dicho "acuérdate", "cuídame". Solo va al inferno el que dice a Dios: "No te necesito, me las arreglo solo", como hizo del diablo, que es el único de quien estamos seguros que está en el infierno. ¿Queda claro? Gracias por la pregunta. ¡Pareces una teóloga!».[53]

En resumen, para la Iglesia la Salvación afecta solo a quienes quieren salvarse y no definitivamente a todos, es decir, no incluye a quien quiera libremente condenarse a toda costa, por lo que no puede decirse que sea una Salvación general, sino que más bien es general la oferta divina aceptada o rechazada por parte humana, pero aun así la concepción de la Iglesia es muy distinta de la elitista gnóstica, que excluye, podríamos decir que sonriendo *racistamente*, a todos los que no sean espirituales o, según los valentinianos, como mucho los psíquicos. Por tanto, sobre este tema el gnosticismo no ha influido en el pensamiento eclesiástico, al contrario que en otros puntos.

Notas sobre distintos niveles y formas de influencia gnóstica sobre el cristianismo

Mientras el catolicismo sí ha sufrido cierta influencia gnóstica, pero solo en ciertas prácticas, prejuicios, palabras y actitudes sin desviarse de la esencia de la enseñanza canónica doctrinaria, en muchas asambleas cristianas se han aceptado, durante 2.000 años de historia, principios gnósticos mucho más estrictos, también como doctrina y no solo con respecto a ciertos tabúes y prácticas. Como ya sabemos, para el gnosticismo solo sus adeptos pueden llegar a ese conocimiento tan profundo que puede ser llamado «verdad» e incluso algunos grupos religiosos actuales, cada uno a su manera, son elitistas. No los cito expresamente porque no quiero provocar y solo doy dos breves citas a modo de ejemplo:

---

[53] Este texto estaba presente en el sitio web del Vaticano en la página http://w2.vatican.va/content/francesco/it/speeches/2015/march/documents/papa-francesco_20150308_visita-santa-maria-madre-redentore.pdf. Desafortunadamente, fue eliminado después de la primera publicación de este libro (en italiano).

Hay un grupo que considera, según una lectura literal del Libro de la Revelación, o Apocalipsis, que los salvos en el Juicio Universal serán solo sus miembros y cree además que se distribuirán en dos niveles de beatitud, un poco como pasaba con los agnósticos, con unos pocos *espirituales* elegidos y los asimismo escasos *psíquicos*: para ese grupo, la mayor parte de los salvos solo gozaría de una felicidad natural sempiterna sobre la tierra, mientras que la élite, en un número de 144.000, se regocijaría en un cielo de felicidad paradisiaca. Se trata de una comunidad paracristiana y no cristiana, pero no esencialmente por los motivos indicados, sino en cuanto que no cree en lo que es fundamental para el cristianismo, es decir, la Trinidad y el hombre Jesús-Dios, al estar el cristianismo basado en el Resurrección de Cristo como Dios y de hecho se rechazó su reclamación de admisión en la cristiana Federación de Iglesias Evangélicas.

En cuanto al número apocalíptico 144.000, según los exégetas cristianos, es simbólico e indica para la numerología religiosa judía un número enorme. El 144.000 tiene como base el 12, número esencial para el pueblo hebreo y, por tanto, para los judeocristianos del siglo I, en cuanto a que emblemáticamente designa toda la nación israelita: 12 son las tribus de Israel y sobre esa base 12 son los apóstoles elegidos por Cristo; se deduce que en la Iglesia original, en el propio *judeocristianismo*, el número 12 significa el pueblo cristiano entero: en base a un cálculo figurado el número de los salvos es colosal e *incluso* el emblemático 144.000 que se obtiene multiplicando 12 por 12 y el resultado, 144, por 1.000; enorme cantidad este 1.000, cuando en los textos evangélicos se habla de un rebaño muy grande, se dice que tiene apenas 100 animales, ¡pero en el apócrifo de Tomás, en el versículo 107, el autor compara un rebaño de 100 ovejas con un reino entero! Así que el número de los salvados por Cristo, 144.000 es metafóricamente una cifra enormemente grande.[54]

---

[54] Se puede leer la parábola de la oveja perdida en los evangelios canónicos de Lucas y de Mateo: en Lucas, capítulo 15, versículos del 4 al 7, está escrito: «Si alguien tiene cien ovejas y pierde una, ¿no deja acaso las noventa y nueve en el campo y va a buscar la que se había perdido, hasta encontrarla? Y cuando la encuentra, la carga sobre sus hombros, lleno de alegría, y al llegar a su casa llama a sus amigos y vecinos, y les dice: "Alegraos conmigo, porque encontré la oveja que se me había perdido". Os aseguro que, de la misma manera, habrá más alegría en el cielo por un solo pecador que se convierta, que por noventa y nueve justos que no necesitan convertirse». En el Evangelio sinóptico de Mateo, capítulo 18, versículos del 12 al 14, leemos: «¿Qué os parece? Si un hombre tiene cien ovejas, y una de ellas se pierde, ¿no deja las noventa y nueve restantes en la montaña, para ir a buscar la que se extravió? Y si llega a encontrarla, os aseguro que se alegrará más por ella que por las noventa y nueve que no se extraviaron. De la misma manera, el Padre que está en

Otra comunidad considera la Revelación de Dios como no concluida con el último Libro neotestamentario, el Apocalipsis, sino que se completó solo en el siglo XIX, a través de un arcángel, cuyo nombre no figura en la Biblia, cuyas palabras se incluyen en un libro titulado como él, que, para esta iglesia, es tan sagrado como los textos bíblicos. En ese lugar se enseña, como decían los herejes pelagianos, que toda persona puede alcanzar sola la Salvación gracias a las obras y hacerse divina, mientras que para la Biblia todos los seres humanos son naturalmente pecadores, solo Cristo los salva y las obras buenas son necesarias porque él las ordena.

Para las comunidades religiosas que he señalado, la Revelación verdadera y plena, la genuina Bella y Buena Nueva no se desvela a todos, sino que es algo que solo ellos poseen, algo solo en parte comprensible por los demás en cuanto que es una verdad que queda oculta a los no adeptos o porque no les ha sido del todo revelada o porque se ha comunicado enteramente pero solo en modo esotérico, entre los pliegues del Testamento.

Por el contrario, para las comunidades cristianas católicas, ortodoxas y protestantes, la Palabra escrita de Dios solo se encuentra en la Biblia. Esta expone una verdad comprensible para todos, tanto en cuanto a la moral que los cristianos deben seguir, sintetizada en el Nuevo Testamento, sobre todo en los Evangelios y en la Primera Epístola de Juan, con la sencilla palabra *amar*, como, en primer lugar, comunicando la Bella y Buena Nueva, es decir el *Evangelio* de la Salvación traída por Jesús encarnado para rescatar a todo ser humano, no solo a individuos o comunidades privilegiadas; para el catolicismo (concilio Vaticano II, proclamación *Lumen Gentium*), quien sea una persona justa, es decir, caritativa hacia el prójimo y deseosa de verdad, se salva, y no solo los cristianos.

Una parte no mínima de los católicos, la más conservadora, no acepta con tranquilidad esa idea, aunque se expresara en un concilio ecuménico[55] y fuera evocada luego por un papa, Juan Pablo II que, a partir de ella dijo durante la audiencia general del miércoles 6 de diciembre de 2000: «Todos los justos de la tierra

el cielo no quiere que se pierda ni uno solo de estos pequeños».

55 Según la fe tradicional católica, se considera que un concilio, siempre y cuando sea ecuménico, está dirigido por el Espíritu Santo.

están llamados a construir el Reino de Dios, colaborando con el Señor, que es el artífice primero y decisivo».

BIBLIOGRAFIA PRINCIPAL

La base esencial para la comparación entre cristianismo y gnosticismo es la Palabra bíblica directa, así como los prólogos a los Libros y los comentarios a los versículos. Se ha recurrido a muchas ediciones de la Biblia a cargo de diversos exégetas y, sobre todo, de las siguientes:

La Bibbia, Edizioni Àncora, 1974;

La Bibbia di Gerusalemme, EDB Edizioni Dehoniane Bologna, 1986;

Vangeli e Atti degli apostoli con note a fronte, Edizioni Paoline, 1997;

Lettere e Apocalisse, ídem, 1998.

Los textos principales, base del ensayo, son:

AA. VV., a cargo de Giovanni Filoramo y Daniele Menozzi, Storia del Cristianesimo, 4 tomos., Gius. Laterza e Figli, 1997.

AA.VV., Manuale di storia delle religioni, Gius. Laterza & Figli, 1998

Bouquet, Alan, Breve storia delle religioni, Mondadori, 1972.

Brown, Raymond E., El Evangelio según Juan, Ediciones Cristiandad, 1979.

Bultmann Rudolf, Le Lettere di Giovanni, Paideia Editrice,1977.

Christie - Murray, David, I percorsi delle eresie, Rusconi, 1998.

Corsini, Eugenio, Apocalisse pAltre fonti, consultate secondariamente, sono indicate nelle note o nel testo.rima e dopo, SEI, 1980.

Di Nola, Gerardo, Lo Spirito Santo nei Padri, Città Nuova Editrice, 1999.

Eisenman, Robert H. y Wise, Michael, Manoscritti segreti di Qumran Piemme, 1994.

Flusser, David, La setta di Qumran, Piemme, 1998

Franzen, August, Historia de la Iglesia, Editorial Sal Terrae, 2015.

Lupieri Edmondo (a cargo de), L'Apocalisse di Giovanni, Fondazione Lorenzo Valla, 1999.

Moraldi, Luigi (a cargo de), Vangeli apocrifi, Piemme, 1996.

Moraldi Luigi (a cargo de), I Vangeli gnostici – Vangeli di Tomaso, Maria, Verità, Filippo, Fabbri Editori, 1998 (già per i tipi Adelphi Edizioni, 1984).

Quasten, Johannes y AA.VV., principalmente Angelo di Berardino, Patrología, Biblioteca de Autores Cristianos, 2000

Thiede P. Carsten y D'Ancona Matthew, (en las partes del texto relativas al Qumrán) Testimonio de Jesús, Planeta, 1997.

Otras fuentes, de consulta secundaria, se indican en las notas o en el texto.

En todo el libro se indican las traducciones de libros al español. Aquellos no traducidos se referencian en italiano original. (N. del t.)

Guido Pagliarino

El autor ha publicado a lo largo de los años diversos ensayos, novelas, cuentos y libros de poesía. Muchas de sus obras han recibido el primer premio en importantes concursos literarios. Entre otros, recibió en 1997 el «Premio de la Cultura de la Presidencia del Consejo de Ministros» por su obra escrita desde 1979 a 1996. En caso de desear leer una biobibliografía detallada y encontrar reseñas de las obras de Guido Pagliarino (en italiano), ir a la siguiente página en el sitio del autor:

http://www.pagliarino.com/biografia.htm (solo en italiano)

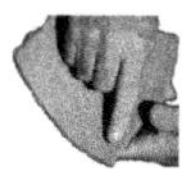

Ensayos de Guido Pagliarino distribuidos por Tektime en e-book y en libro en papel (Copyright © Guido Pagliarino)

Diavolo e Demòni (también en audiolibro en italiano)

Creazione ed evoluzione (Publicado también en español como *Creación y evolución*, traducción de Mariano Bas)

Spirito, Anima, Persona (Publicado también en español como *Espíritu, alma, persona*, traducción de Mariano Bas)

La Trasformazione: sull'eterno corpo glorioso spirituale e sul nulla eterno infernale (Publicado también en español como *La transformación: sobre el cuerpo glorioso espiritual y sobre la nada terna infernal*, traducción de Mariano Bas

Il Dio scandaloso *(Publicado también en español como El Dios escandaloso, traducción de Mariano Bas)*

Sindòn, la misteriosa Sindone di Torino (Publicado también en español como *Sindone: La misteriosa Sábana Santa de Turín*, traducción de Mariano Bas)

Gesù, nato nel 6 "a.C." crocifisso nel 30 – Un approccio storico al Cristianesimo (Publicado también en español como *Jesús, nacido en el año 6 «antes de Cristo» y crucificado en el año 30 (Una aproximación histórica)* traducción de Mariano Bas)

Il Vento dell'Amore (Publicado también en español como *El viento del amor*, traducción de Mariano Bas)

La Sfida: Il conflitto fra Cristianesimo e Gnosticismo nei primi secoli della Chiesa *(Publicado también en español como El desafío,- El conflicto entre cristianismo y gnosticismo en los primeros siglos de la Iglesia, traducción de Mariano Bas)*

www.ingramcontent.com/pod-product-compliance
Ingram Content Group UK Ltd.
Pitfield, Milton Keynes, MK11 3LW, UK
UKHW021919190726
13853UKWH00002B/742

9 788835 416647